国家出版基金项目
NATIONAL PUBLICATION FOUNDATION

GZC 高校主题出版
GAOXIAO ZHUTI CHUBAN

"一带一路"系列丛书

"一带一路" 国别概览

科威特

李向阳　总主编
李绍先　主编

马帅　陈利宽　编著　曾序勇　审定

大连海事大学出版社

图书在版编目(CIP)数据

科威特 / 马帅,陈利宽编著. — 大连:大连海事
大学出版社, 2019.10
("一带一路"国别概览 / 李向阳总主编)
国家出版基金项目
ISBN 978-7-5632-3828-6

Ⅰ.①科… Ⅱ.①马… ②陈… Ⅲ.①科威特—概况
Ⅳ.①K938.3

中国版本图书馆 CIP 数据核字(2019)第 159162 号

大连海事大学出版社出版

地址:大连市凌海路 1 号　邮编:116026　电话:0411-84728394　传真:0411-84727996
http://www.dmupress.com　E-mail:cbs@dmupress.com

大连海大印刷有限公司印装　　　　　　　　　　　大连海事大学出版社发行

2019 年 10 月第 1 版　　　　　　　　　　　　2019 年 10 月第 1 次印刷
幅面尺寸:155 mm × 235 mm　　　　　　　　　　印数:1~3000 册
印张:11.25　　　　　　　　　　　　　　　　字数:169 千

出　版　人:余锡荣　　　　　　　　　　　　项目策划:徐华东
责任编辑:张　冰　　　　　　　　　　　　责任校对:史云霞　宋彩霞
装帧设计:孟　冀　解瑶瑶　张爱妮

ISBN 978-7-5632-3828-6　　　　　　　　　　　　　　定价:56.00 元

"一带一路"国别概览

丛书编委会

▶ 主　任　李向阳

▶ 副主任　徐华东　李绍先　郑清典　李英健

▶ 委　员　李珍刚　姜振军　张淑兰
　　　　　尚宇红　黄民兴　唐志超
　　　　　滕成达　林晓阳　杨　淼

总序

2013年秋，国家主席习近平在哈萨克斯坦和印度尼西亚出访期间，先后提出共建"丝绸之路经济带"和"21世纪海上丝绸之路"的倡议，倡导共商、共建、共享理念，得到国际社会广泛关注和积极响应。"一带一路"倡议旨在积极发展与沿线国家的经济合作伙伴关系，共同打造政治互信、经济融合、文化包容的利益共同体、命运共同体和责任共同体。

"一带一路"倡议源自中国，更属于世界，它面向全球、陆海兼具、目的明确、路径清晰、参与方众、反响热烈。五年间，"一带一路"倡议从理念转化为行动，从愿景转变为现实，在顶层设计、政策沟通、设施联通、贸易畅通、资金融通、民心相通等方面都取得了显著的成果，为实现世界共同发展繁荣注入推动力量、增添不竭动力。目前，我国已与100多个国家和国际组织签署了共建"一带一路"合作文件。共建"一带一路"倡议及其核心理念被纳入联合国、二十国集团、亚太经合组织、上合组织等重要国际组织成果文件。

"一带一路"沿线国家地理地貌、风俗人情、经济发展、投资环境各不相同，极有必要对其进行系统的介绍和分析。此外，目前针对"一带一路"沿线国家的研究仍不够深入，缺少系统、整体的研究资料。大连海事大学出版社组织策划的"'一带一路'国别概览"丛书（首批65卷）适逢"一带一路"倡议提出五年后下一个阶段深入推进的需要之时，也填补了国内系统地介绍"一带一路"沿线国家国情的学术专著的空白，获得了国家出版基金项目资助，并入选教育部全国高校出版社主题出版选题。

"'一带一路'国别概览"丛书（首批65卷）联合中国社会科学院、北京大学、山东大学、宁夏大学、广西民族大学、上海对外经贸大学、黑龙江大学等多家高校及研究机构编写，并组织驻"一带一路"沿线65个国家的前大使对相关书稿进行审定。本套丛书不仅涵盖了各国地理、简史、政治、军事、文化、社会、外交、经济等方面的内容，突出了各国与丝绸之路或海上丝绸之路的历史渊源，力争为读者提供全景式的国情介绍，还从"一带一路"政策出发，引用实际案例详细阐述了中国与各国贸易情况及各国的投资环境，旨在为"一带一路"的推进提供强大的智力支持，加快科技成果转化，促进合作人才培养，帮助我国"走出去"的企业有效地防控风险，从而全方位地助推"一带一路"建设。

"'一带一路'国别概览"丛书（首批65卷）的顺利出版得益于大连海事大学出版社的精心策划和组织，也凝聚着百余位相关领域专家学者的心血，在此深表感谢。

国家主席习近平曾深情地说："'一带一路'建设承载着我们对美好生活的向往，将把每个国家、每个百姓的梦想凝结为共同愿望，让理想变为现实，让人民幸福安康。"我们也希望本套丛书可以为"一带一路"建设架起一座沟通的桥梁，推动"一带一路"倡议在沿线国家向更深远和平稳的方向发展。

"'一带一路'国别概览"丛书编委会

2018年6月

前言

　　科威特是地处阿拉伯半岛东北隅的沙漠小国和石油大国。该国石油和天然气资源储量丰富，被誉为"浮在石油湖上的国家""海湾明珠"。科威特独特的地理位置也使它成为中东地区陆海交通枢纽以及多种文明融汇与传播的中心。在很长一段时间里，它曾是连接印度洋、西亚和欧洲的商业纽带，同时也造就了科威特古代文明的多样性。

　　近代以来，科威特一直处在萨巴赫家族的统治之下，实行君主制政体，历经奥斯曼帝国和英国殖民统治的历史变迁。第二次世界大战后，科威特人民开展了争取民族独立的斗争，1961年科威特宣布独立。随着石油主权的逐步收回以及石油工业的发展，科威特在近四分之一世纪的时间里创造了令世人感叹的"沙漠奇迹"，人均国内生产总值位居世界前列，从波斯湾西北角的一个蕞尔小国俨然成为阿拉伯世界里拥有雄厚财富的地区金融中心和举世瞩目的高福利国家。

　　历史上，科威特所在地区扼守海上交通要道，是古丝绸之路上的重要贸易据点。东汉时期，中国已经和这一地区实现直航。西域都护班超的特使甘英曾从陆路到达波斯湾。两地通过海陆和陆路建立起密切的贸易联系。唐宋时期，科威特地区和中国的海上贸易更加繁荣。

　　1971年中科建交以来，两国关系快速发展。科威特在恢复中国在联合国合法席位问题上给予中国大力支持。中科两国高层互访频繁，经济合作不断取得新突破，为中国推进"一带一路"倡议奠定了良好的基础。在"一带一路"倡议背景下，两国合作的前景良好。科威特是中东地区较为安全和稳定的投资目的国，是中国"走出去"和在中东地区建设"一带一路"的重要一环。同时，科威特也是最早欢迎并支持"一带一路"倡议的国家之一。中科双方经济互补性很强，发展中科合作关系对于我国的能源供应安全和推进"一带一路"倡议具有重要意义。

本书将着重考察科威特的历史、政治、经济、社会、外交以及"文明交往论"视野下中科关系的历史与现状、"一带一路"倡议下中科合作的模式与前景。本书从纵向和横向两个层面对科威特国家的历史与现状进行全方位梳理，并在"一带一路"倡议下探究中科友好合作的意义与模式。上篇主要从地理、简史、政治、军事、文化、社会、外交和经济等层面对科威特进行多维度概述，力图勾勒出科威特历史与现状的整体面貌，分析科威特政治、经济生态的特征与社会状况。下篇重点在"文明交往论"视野下论述中科关系的历史与现状，在"一带一路"倡议下阐述中科合作的共识、机遇，中科合作的风险与挑战，以及中科合作的对策和前景。本书各章之间相互联系又具有相对完整性，可以独立成篇，且侧重点各异，总体行文前后联系呼应，以求为读者提供一个局部深入、视野完整的解读认知体系。

本书以历史分析法、国际关系研究方法为基础，以"文明交往论"为核心指导理论，文献研究与实证分析相结合，力求使用更多的新材料。在研究方法上则体现出一定的学科交叉性，主要涉及历史学、政治学、国际关系学及宗教学等，即运用跨学科的综合方法。第一，层次分析与内外因分析相结合；第二，历时性与共时性研究相结合；第三，历史与现状、理论与实际相结合。

本书的基本观点：（1）科威特独特的地理位置造就了其古代文明的多样性，长期的君主制深刻地影响了国家的政治体制和社会结构，丰富的石油天然气资源促进科威特从一个蕞尔小国成为一个拥有雄厚财富的投资大国。（2）科威特单一的石油经济结构、对外籍劳工的依赖、国营部门垄断对私营部门发展的抑制、贸易和投资法规不健全、国内和地区政局的不稳定等因素影响科威特经济的多样化发展。（3）科威特作为中东地区重要商业和金融中心之一，是参与"一带一路"建设的重要国家之一。中科双方经济互补性很强，科威特丰富的石油资源和石油美元，以及辐射西亚、北非的广阔市场，符合中国走出去的目标。可以预见，随着"一带一路"倡议的推广，两国合作与交流也将迈向新台阶。（4）在产能过剩的大环境下，中国希望通过对外开展基础设施建设合作，实现钢铁、水泥等优势富余产能的输出。在国际低油价的背景下，科威特作为产油国深受油价影响，希望加快推进经济多元化，实现国内基础设施建设的升级改造，使其经济摆脱对石油的过度依赖。科威特经济多元化依赖非油气工业部门的发展，中国在这方面优势明显。因此，中国与科威特具有共同的利益诉求，双方在加强共建"一带一路"的合作上具有共同意愿。

本书的编写分工如下：马帅负责全书统稿、前言撰写与下篇编著；陈利宽负责上篇编著。

本书的编写得到了诸多的帮助与支持，在此深表谢意。感谢恩师王新刚教授给予编者的鼓励与指导！感谢西北大学提供了一个良好的研究平台！感谢大连海事大学出版社的大力支持！

由于时间仓促，加之编者的水平有限，难免有管窥蠡测之弊，恳请读者赐教指正！

编　者
2018年10月

目 录

● **下篇**

上篇

第一章　地理

第一节　自然地理

一、地理位置

科威特位于西亚地区阿拉伯半岛东北部、波斯湾西北岸，是海湾八国之一①。其处于北纬28°45′～30°05′，东经46°30′～48°30′。科威特属于东三时区，当地时间比北京时间晚5个小时。科威特国土的北部、西部与伊拉克接壤，南部、西南部与沙特阿拉伯毗邻，东临波斯湾，与伊朗隔海相望。科威特因为其重要的地理位置而被称为"阿拉伯半岛东北窗口"。科威特国土面积为1.78万平方千米，全境南北长200千米，东西之间跨度为170千米，海岸线长为290千米。

二、气候、水文和自然带

科威特地处北回归线附近的欧亚大陆西侧，属于热带沙漠气候。该国终年受副热带高压和东北信风影响。全年多数时间炎热干燥，降水稀少，日照强烈。8月份气温在40 ℃以上。冬季最低气温也在0 ℃以上。科威特全年降水量不到125毫米。夏季经常出现沙尘暴和霾，秋季常出现暴风和龙卷风。

---

① 海湾八国分别为伊朗、伊拉克、科威特、沙特阿拉伯、巴林、阿拉伯联合酋长国、阿曼、卡塔尔。但在本书中所谈的海湾国家仅指除伊拉克和伊朗之外的六个阿拉伯君主国。

在科威特,春、秋季非常短暂,夏季和冬季较长。其中夏季最为漫长,从4月持续到10月。夏季多强沙尘暴天气,6月到7月中旬天气酷热。7月下旬到8月,天气闷热潮湿。夏季平均气温在48℃左右。科威特的冬季是12月、1月和2月,相对多雨,刮西北风时特别阴冷。

科威特降水总体较少,但年度变化很大。经常前一年度降水不足30毫米,下一年度可能超过300毫米。科威特海域海水表层水温为16~32℃。该地浅海区夏季水温达到35.6℃,是世界上最热的海区之一。波斯湾地处副热带大陆西岸,终年受副热带高压控制,盛行下沉气流,蒸发量大于降水量,海水盐度高、密度大,水面较低,而相邻的阿拉伯海的海水盐度低、密度小,水面高。于是,表层海水就由水面较高的阿拉伯海流入水面较低的波斯湾。底层海水则由盐度较高的波斯湾流入阿拉伯海。波斯湾水浅,且流入的淡水不多,流入的淡水主要来自底格里斯河、幼发拉底河,且水温高,导致流入的淡水过分蒸发和水体含盐度高。由于海水盐度不同,波斯湾一带海水盐度大,水面低,水由底层流入外围海域,上层外围水流入,形成密度流。

波斯湾海流为逆时针方向环流,湾口海流流速为3~4节,科威特领海海流的流速为0.5~1.6节。

科威特全境没有常年流水的河流,也没有湖泊。科威特地下水丰富,但可供饮用的淡水资源匮乏。

科威特属于荒漠带,境内植被贫乏,主要是一些稀疏的草本植物,土壤以荒漠土为主。冬冷夏热、温差大和降水稀少是科威特气候的主要特征。

❖ 三、地势地貌

科威特东北部为冲积平原,其余地区为相对平坦的沙漠地带。东北部的平原属于两河流域冲积平原的一部分。科威特地势总体上较为平坦,境内无大型山脉,只有一些丘陵穿插其中。全国总体呈西高东低之势。西部边境的萨勒米和什嘎亚地区海拔为300米,而东部地区则略高于海平面。科威特中部有一些凹地和丘陵。南部除了艾哈迈迪丘陵外,其他地方都为平坦的沙地。沿海地区有盐沼存在。

从地质构造上看,科威特处于波斯湾盆地。而波斯湾盆地位于阿拉伯板块内部。波斯湾盆地的总体地势是西高东低。西边的阿拉伯地盾地势相对较高，向东地势减缓，逐渐过渡至地势较低的波斯湾和底格里斯-幼发拉底河谷。科威特西部地区就位于阿拉伯地盾边缘，其东北部地区属于幼发拉底河和底格里斯河冲积平原地区。底格里斯-幼发拉底三角洲受来自河流带来的泥沙的影响，仍在前积，逐渐充填波斯湾。科威特东北部地区的海域面积呈逐渐缩小态势。

受长期地质构造的作用，波斯湾盆地成为世界上最主要的油气储藏区之一。地处波斯湾盆地的科威特因而成为世界上主要的油气储藏大国之一。

第二节　自然资源和生态环境

科威特石油资源丰富，是世界上主要的石油生产国和能源供应地。2006年，科威特探明的石油储量为135.63亿吨，位居世界第三位，探明的天然气储量为15 432.77亿立方米。2016年，天然气探明储量为1.78万亿立方米，居世界第十八位。根据英国石油公司数据统计，2015年年底，科威特已探明石油储量达到1 015亿桶，占世界储量的6%。根据科威特媒体科威特通讯社2013年的相关报道，科威特境内的页岩油资源达到70亿~100亿桶油当量。在可预见的未来，科威特仍然将是世界上主要的油气储藏国和生产出口国之一。

科威特地处热带沙漠气候带，夏季经常出现沙尘暴，秋季常有暴风和龙卷风。起大风时，沙尘漫天。在夏秋两季，科威特受自然条件影响，空气质量较差。20世纪70年代以来，随着油气工业的发展，科威特空气污染日益严重。80年代的两伊战争和90年代的海湾战争都给科威特的生态环境造成严重的破坏。

1980—1988年的两伊战争对科威特的生态破坏很大。战争期间，伊拉克和伊朗为打击对方的经济实力和战争潜力，各自向对方的石油生产和运输设备进行军事打击，作为交战国邻国的科威特深受其害。两国攻击对方的石油生产设备，造成严重的大气污染，科威特空气受邻国扩散的污染物的影响，也出现严重污染。两国攻击对方石油运输船的行为在波斯湾海域造成严重的水污染，导致科威特海域水污染状况也很严重。

1990年伊拉克入侵科威特以及1991年的海湾战争给科威特的生态环境带来更大的破坏。战争期间，地方军事行动严重破坏了科威特的水源和土壤。坦克的使用、大规模雷场的布置以及大面积油污染的发生对生态的破坏十分严重。

海湾战争后，科威特在国际组织和其他国家的帮助下对被战争破坏的生态环境进行了修复，但仍有不少问题至今难以解决。

第三节　行政区划

科威特全国共划分6个行政省，即首都省、哈瓦利省、艾哈迈迪省、杰赫拉省、费尔瓦尼耶省和大穆巴拉克省。其中首都省、哈瓦利省和费尔瓦尼耶省共同构成大科威特市区。

首都省于1962年建省，面积为1 009平方千米，人口为510 505人(2011年)，省会是科威特市。它是王宫、中央政府、各国驻科威特使领馆、科威特城古城门的所在地。法拉卡岛(又译为费莱凯岛)、奥哈岛、米斯堪岛、库巴尔岛、卡鲁岛、乌姆马拉迪姆岛、乌姆纳木勒岛等也归首都省管辖。

哈瓦利省于1962年建省，首府为哈瓦利市，面积为358平方千米，人口为798 380人。该省以打出第一口甜水井而闻名，其名亦因水甜而得。科威特国际机场坐落于该省。

艾哈迈迪省于1962年建省，面积为5 183平方千米，人口为715 776人，省会是艾哈迈迪市，为科威特第二大省。它因第十任埃米尔艾哈迈德·贾比尔·萨巴赫提议建城而得名。该省以油田、水井、港口而著称。省会艾哈迈迪市有"石油之城"的美誉。

杰赫拉省于1977年建省，人口为465 860人，是科威特最大的行政省，省会是杰赫拉市。该省是著名的杰赫拉战役发生地，因而闻名遐迩。境内有乌姆艾什人造卫星地面接收站，劳扎塔因、乌姆艾什、马纳基什等油田，以及著名的劳扎塔因淡水井。瓦尔巴岛和布比延岛归该省管辖。在科威特大陆苏比亚与布比延岛之间有一座由法国公司设计、中国路桥公司修建的长2.5千米的大桥，使海峡变通途。这座宛如彩虹的大桥于1983年竣工并投入使用，但在海湾战争期间遭到破坏，21世纪初已由中国公司重建。

费尔瓦尼耶省于1988年10月建省，人口为973 561人，省会是费尔瓦尼耶市。据说该省的省名是根据科威特第十任埃米尔艾哈迈德·贾比尔·萨巴赫的一名忠实的仆人苏鲁本·费尔瓦之名命名的。

大穆巴拉克省于1999年建省，是科威特最年轻的省份，人口为227 587人，省会是大穆巴拉克市。其省名取自科威特第七任埃米尔穆巴拉克·萨巴赫·贾比尔。该省由原属于哈瓦利和费尔瓦尼耶两省的萨巴赫·萨利姆区、古林区、富奈区、萨卜汗工业区、阿丹区、大穆巴拉克区、古苏尔区和马西拉区组成。

第二章 简史

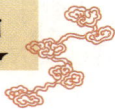

科威特历史大体上可以分为古代时期、近代时期和现代时期。科威特的古代时期是从科威特地区出现人类活动的踪迹到18世纪萨巴赫家族开始统治科威特，也是科威特的前民族国家时期。1756年，萨巴赫在科威特建立酋长国是科威特近代历史的开端，其近代史终于科威特获得独立的1961年。这一时期科威特历史发展的轨迹是现代科威特民族国家的建构，由酋长国发展成为一个独立的现代民族国家是科威特近代历史的主线。独立建国是科威特现代史的开端。独立之后，科威特的现代化进程加速推进。海湾战争是现代科威特历史发展的一个重要转折点，对科威特现代化进程产生了深远影响。

第一节　古代时期的历史变迁

科威特地理位置重要，在人类文明交往的历史上占据重要位置。科威特是古代西亚地区陆海交通的重要枢纽，它是印度洋、西亚和欧洲之间商业贸易纽带上的重要节点，是出海湾南下阿曼、印度次大陆和东非商路上的一个重要驿站。科威特还是阿拉伯半岛游牧民向两河流域迁徙的必经之路。战略地位的重要性也使科威特地区成为各大帝国纵横捭阖的重要舞台。科威特地区古代文明的多样性和丰富性由此产生。

科威特所在的海湾地区在远古时期就是人类居住和活动的地区，也是人类文明的摇篮之一。大约公元前8000年，科威特境内的沃夫拉和布尔甘地区就有人类活动，当时的人类已经使用燧石工具。公元前

4500年，萨比耶（在现科威特北部地区）的居民已经使用陶器、石质刀具和石珠，当时该地属于古代两河流域南部的奥贝德文化圈（公元前5000—公元前3700年）。

科威特地区是腓尼基人的故土。根据著名历史学家希罗多德和斯特累波的记载，腓尼基人是从这一地区迁移到今天的黎巴嫩地区的，这一点也得到当代黎巴嫩史学界的认同。黎巴嫩的阿拉伯民族主义作家盖德里·盖勒阿吉在他所著的《科威特简史》中阐明"无论如何，我们毫无争议地欢迎这个历史事实：腓尼基人是从阿拉伯湾迁移到黎巴嫩去的，这是古代的两位历史学家希罗多德和斯特累波所传述的……今后在讨论兄弟国家科威特的现状时，我们是作为同胞兄弟，甚至是作为可爱的（阿拉伯）海湾的古代公民的后裔来讨论这个问题的。"

从公元前1732年到公元前1460年，科威特地区处于"海国王朝"统治时期。公元前1460年，海国王朝被加喜特人灭亡。此后，该地区长期处于加喜特人、腓尼基人、亚述人和巴比伦人的争夺之中。

公元前5世纪初，科威特地区处于波斯帝国的统治之下。公元前3世纪，亚历山大东征灭亡波斯帝国后，科威特地区开始进入希腊化时代。亚历山大的部下在法拉卡岛建立希腊人移民的定居点，科威特地区长期受到希腊文明的影响。在科威特境内，当代考古学家曾发掘多处希腊文明遗迹，发现有亚历山大大帝头像、希腊女神头像的小雕像的模子以及刻有希腊文字的石头，石头上的文字讲述亚历山大大帝的海军司令雅尔库斯属下的船长斯图列斯和船员们献给保护神的颂词。

在安息帝国和萨桑王朝统治时期，科威特处于波斯文明的影响之下。外部势力的你来我往并没有改变科威特地区的面貌，该地区一直属于处于游牧生活状态的伊雅德部落。

自7世纪，科威特地区长期处于阿拉伯帝国的统治下。阿拉伯帝国的崛起与先知穆罕默德传教有密切关联，在穆罕默德传教的过程中，阿拉伯各部落实现了团结并形成对外扩张的强大力量。信仰伊斯兰教的阿拉伯人在现科威特境内的卡齐迈地区战胜萨桑波斯的军队，科威特地区的阿拉伯人陆续皈依伊斯兰教，该地区的伊斯兰化完成。

16世纪初，奥斯曼帝国开始在科威特地区建立统治，但是统治并不稳固。新航路开辟后，葡萄牙对奥斯曼帝国在海湾地区的统治构成威胁。1521年，葡萄牙占领科威特，并在此地建立一个军事要塞。

1581年，科威特地区开始成为哈立德家族的属地。17世纪开始，科威特地区被称为"古莱因"，意为"犄角"。1672年前后，哈立德家族的巴拉克酋长在一个小渔村修建了一座四方形的城堡式建筑——库特，从此这一地区开始被称为科威特。巴拉克酋长在位期间奠定了科威特城的城建基础。

17世纪末到18世纪初，内志地区的很多阿拉伯部落开始向海湾地区迁徙。1716年，属于安宰部落的萨巴赫家族移居科威特地区。安宰部落是阿拉伯半岛中历史悠久、势力最大的一支。

1756年，萨巴赫家族首领萨巴赫·本·贾比尔趁哈立德家族衰落之际开始统治科威特，该年被认为是科威特近代历史的开端，萨巴赫家族统治科威特至今。

第二节　近代时期英国的殖民统治

1753年，萨巴赫家族首领萨巴赫·本·贾比尔被推举为科威特的执行官，标志着科威特近代史的开始。经过萨巴赫家族几代人的努力，科威特地区得到快速发展，科威特城成为人口稠密的商业城市。1765年，丹麦旅行家卡斯顿·尼布尔造访科威特。根据他的记述，当时科威特有帆船800艘，人口1万人。当时的科威特人主要从事商业、渔业和采珠业。夏季，科威特人要么出海采珠，要么迁徙到半岛内地避暑，本地人口因而下降到3 000人。奥斯曼帝国当时在科威特仅仅维持表面的统治，事实上科威特已经成为奥斯曼帝国人士的重要避难所。这时科威特力量还很弱小，不断受到其他阿拉伯部落和海盗的侵扰，并导致该地区的动荡和落后。1775—1779年，波斯围攻奥斯曼帝国的巴士拉市，很多伊拉克商人逃往科威特，带动了科威特地区造船业和商业的发展。从印度到西亚地区的贸易通道也因战乱而转道经过科威特。英国东印度公司在这一时期保障科威特、印度和非洲东海岸的贸易安全。萨巴赫家族控制科威特之后，科威特仍然长期属于奥斯曼帝国的势力范围。萨巴赫家族每年要向奥斯曼帝国上交40袋大米和大量的椰枣，还要听从奥斯曼帝国的调遣，并协助奥斯曼军队平定各地阿拉伯部落的叛乱。

到19世纪，科威特的局势得到稳定，商业重新繁荣，成为印度、马斯喀特、巴格达和阿拉伯半岛之间贸易的中心。科威特的商业和造船业得到发展，船员素质很高。

第七任酋长穆巴拉克·伊本·萨巴赫（1896—1915年在位）是科威特历史上的著名人物。他在位期间，萨巴赫家族的领地扩大，经济发展特别是采珠业的发展加快，城市建设取得明显进步。他借助英国的保护使科威特由一个疆界模糊的酋长国发展成为一个英国保护下的自治实体。

萨巴赫家族开始统治科威特之时正值英国向全球进行疯狂殖民扩张的年代，英国在17世纪初通过与波斯萨法维王朝结盟打击了葡萄牙在海湾地区的殖民统治，后又通过三次英荷战争打击了荷兰的殖民霸权，在接下来的18世纪又通过1756—1763年的七年战争，确立了其在印度洋的殖民霸权。英国将控制海湾地区和阿拉伯半岛的沿岸地带、保障往来印度航线的安全和获得海湾贸易权益作为其制定海湾政策的重要目标，在这种背景下，英国逐步采取措施将科威特置于其保护之下。

英国与科威特的接触开始于18世纪70年代。1775年前后，萨巴赫家族首领阿卜杜拉一世与英国签订条约，科威特承担从海湾到叙利亚阿勒颇之间的邮件递送业务。从此，科威特成为英属东印度公司的邮政中心。19世纪初，英国想通过和科威特酋长签订保护性条约控制科威特，遭到拒绝。到19世纪上半叶，科威特成为自由港。科威特的贸易得到快速发展，科威特港成为海湾北部地区最活跃的港口，科威特人也广泛参与到商贸活动中去。在长期的经商过程中，科威特人在商贸和投资方面积累了丰富的经验，但科威特商业的繁荣很大程度上依赖于与英国的合作关系。1872年，科威特酋长阿卜杜拉二世支持奥斯曼帝国巴格达省省长米德哈特帕夏对哈萨的作战，战后被奥斯曼帝国授予陆军中校军衔。

英国在19世纪末以前想要控制科威特的行动一直没有取得成功。到19世纪末期，新崛起的德国、急于巩固中央集权的奥斯曼帝国和英国在科威特展开争夺，将科威特推入英国的怀抱。1893年，奥斯曼帝国准备采取军事行动控制科威特，对科威特采取先礼后兵的政策。政府先是派遣代表团到科威特要求科威特酋长接受帝国的安排，并表示如果遭到拒绝将出兵驱逐他。但科威特酋长在英国的支持下拒绝奥斯曼帝国的要求。英国海军的威胁使奥斯曼帝国放弃军事行动。

此时执政科威特的是穆巴拉克酋长，他担心奥斯曼帝国的控制加强，于是采取亲英国政策。1899年，苏丹哈米德二世派遣军队进攻科威特，军队已抵达巴士拉省的法奥。穆巴拉克向英国求助，和英国驻布什尔的代表马尔科姆·约翰·米德于该年1月23日签订秘密协定。根据协定，酋长穆巴拉克完全自由地表示愿意约束自己和继承者，在科威特或其边界内的任何地方，不经英国事先同意，不接待任何政权或政府的代理人或代表。……不经英国政府事先同意，对任何政府或者其臣民不让与，或出卖，或出租，或抵押，或为任何目的而准许利用其领土的任何一部分。这个协定可引申为实施于酋长穆巴拉克的领土的任何部分，无论那些部分在其他任何政府的臣民的手中。英国答应不干涉科威特的内政，保障穆巴拉克酋长子嗣统治科威特的权利，保障科威特的国家安全。1900年，穆巴拉克酋长与英国频频接触，1899年签订的双边协定得到确认。

1899年，德国从苏丹那里获得巴格达铁路的预先租让权，将铁路终点预设在科威特，但引发英国强烈反对。德国并没有就此罢手，又想通过奥斯曼帝国实现其在科威特的权益。1901年，苏丹哈米德二世在德国的要求下派军到科威特，但在英国海军的威慑下被迫撤军。同年9月，英国与奥斯曼帝国达成协议。英国承认奥斯曼帝国对科威特的主权，但奥斯曼帝国不能向科威特派军；奥斯曼帝国承认英国在科威特的权益，包括1899年的秘密协定。英国在科威特的争夺中取得胜利，其在科威特的殖民统治确立，但其殖民统治模式为间接统治。

1913年7月，奥斯曼帝国与英国签订《海湾协定》，协定再次确认英国与科威特签订的各种条约和协定有效，并承认科威特是英国的受保护国；奥斯曼帝国可以向科威特派遣代表，奥斯曼帝国对科威特拥有形式上的主权。

第一次世界大战期间，英国同意并承认科威特是在英国保护下的独立政府。战争期间，伊本·沙特阿拉伯家族在阿拉伯半岛抓住奥斯曼帝国兵力收缩的时机开始扩张，对科威特构成威胁，同时也威胁到英国在海湾的利益。1915年12月，英国迫使伊本·沙特阿拉伯与其签订条约，其中有沙特阿拉伯不得干涉科威特事务的条款。这样，科威特在第一次世界大战时期继续置于英国的保护之下。第一次世界大战期间及战后，科威特的对外交往被英国控制，其对外交往仅限于英国统治下的海湾地区和英属印度。科威特与英属印度的交往得到加强，印度货币卢比成为科威特的主要流通货币，印度邮票在加盖"科威特"字样后可在科威特境内使用，科威特的阿拉伯语方言融入很多乌尔都语方言。其他国家的人士进入科威特需要英国批准。

英国在第一次世界大战后继续保障科威特的安全。科威特在第一次世界大战后与扩张中的伊本·沙特阿拉伯家族冲突剧烈，为防止沙特阿拉伯军队的入侵，科威特酋长加固城墙。科威特与沙特阿拉伯之间先后爆发哈姆迪战役和杰赫拉战役（1920年10月）。英国先是强力干涉迫使沙特阿拉伯撤军，后又在1922年强迫沙特阿拉伯同意在科威特和沙特阿拉伯之间划定缓冲区，并于1923年迫使伊拉克承认与科威特之间的国界线。

英国很少干涉科威特的内部事务，科威特的内部发展很慢，酋长在科威特的地位得到巩固，影响力得到维系，科威特原有的部落生活习惯、经济模式和统治模式得到延续。20世纪20年代后期的世界经济大萧条打击了科威特的商业，科威特商人们的收入下降。采珠业在石油开采以前是科威特的支柱产业，从业人数占总人数的20%以上。但是20世纪20年代初，随着日本人工养殖珍珠产业的发展，科威特的采珠业受到沉重打击。

英国在科威特有着重要的石油利益。随着石油在工业和军事领域重要性的提高，英国对海湾地区的石油更加重视。从1911年起，英国开始勘探科威特境内油田。科威特酋长为寻找新财源而为国际石油财团的进入提供了良机。1938年，科威特境内发现大油田，但是受第二次世界大战的影响，科威特的大规模石油开发一直到战后才开始。第二次世界大战后，科威特的石油产业得到快速发展，传统的经济模式得到改变。科威特开始现代化进程，与外界的交往增多。

第二次世界大战期间，英国的实力和影响力被削弱。战后美国在海湾地区的扩张和海湾地区各国民族运动的高涨也打击了英国在海湾地区的殖民统治。1951年，科威特和国际石油公司达成利润对半分成的协定。1960年，科威特参与组建石油输出国组织。

　　1950年，科威特酋长阿卜杜拉·萨利姆·萨巴赫继位，他积极争取科威特的国家独立和社会发展。他利用国际局势的变化逐步从英国手中收回各种权利，到1961年6月19日，科威特最终摆脱英国的殖民统治获得独立。

第三节　　当代的现代化进程

　　科威特独立后面临的最大挑战是来自伊拉克的威胁。1961年6月25日，伊拉克卡塞姆政权发表声明宣称科威特是伊拉克巴士拉省的一部分；7月，英国利用沙特阿拉伯和伊拉克边境冲突的机会出兵科威特，阿拉伯国家联盟出动武装部队到科威特迫使英国撤军。1963年5月，科威特成为联合国第一百一十一个正式成员国。

　　独立后的国家危机化解后，科威特政府开始国家的现代化建设。政治方面，科威特建立新的政治体制，逐步由传统的酋长国向现代君主立宪制国家转变。新的政治体制在保留埃米尔的权力的基础上引入宪政。从1961年年底到1962年，科威特进行了立宪议会选举，并颁布了宪法。科威特的君主制和传统的君主制不一样，埃米尔的权力受到制约。科威特实现了行政权、立法权和司法权在某种程度上的分治。立法权由埃米尔和国民议会行使；行政权由埃米尔、内阁和各部大臣行使；司法权由法院在宪法范围内以埃米尔名义行使，司法独立。议会对政府的内外政策起到一定的监督和制衡作用。

　　萨巴赫执政期间，科威特进行议会民主实践。根据科威特选举法，全国划分为10个选区，每个选区由选民以无记名的方式投票选出5名议员。选民必须是年满21周岁的科威特男性公民，并且没有刑事犯罪记录。现役军人和警察不参加投票。议员在不放弃议员身份的情况下不能在政府任职或者担任公司经理。

　　从1963年到1975年，科威特共选举产生四届议会。科威特的议会民主政治的起步和初步发展是科威特政治现代化的重要表现，在这一方面科威特走在海湾地区各君主国的前列。前四届议会在一些重要议题上如支持阿拉伯国家对抗以色列、利用本国石油收入提高人民生活水平取得明显的成效。

1976 年，议会中各政治派别的斗争和分歧引发萨巴赫的担忧，他担心这种情况会危及其家族的统治，于是解散国民议会，直到 1981 年议会选举才恢复。1980 年 8 月，埃米尔对议会选举进行变革。重新划分议员选区，由原来的 10 个选区变为 25 个选区，每个选区选出 2 名议员。

1977 年贾比尔继任埃米尔之后，对内进行行政改革以治理行政效率低下和贪污腐败的现象。但是伊朗伊斯兰革命带来的民主化压力、霍梅尼输出伊斯兰教的政策引发科威特国内的反对派和什叶派的反政府活动，政府被迫重新恢复议会。政府对选民进行重新登记，并将选民的身份限制在永久居住地，以避免重复登记。

1981 年 2 月，科威特进行第五届议会选举。以部落头目为代表的保守派取得完胜，议会趋于保守。原来的议会反对派和激进的阿拉伯民族主义者在议会中失势。

两伊战争期间，科威特选择支持伊拉克，引发国内什叶派和其他激进派别的不满。他们发动的恐怖袭击危及国内秩序的稳定和石油工业的正常发展，而科威特议会内部各派政治斗争激烈。此外，科威特国内也发生过几次暗杀埃米尔未遂的事件。1986 年 7 月，埃米尔宣布解散议会。

1988 年两伊战争结束后，科威特国内局势开始稳定。科威特国民开始要求重开议会，最终演变成反政府示威游行活动。1990 年，科威特政府宣布成立过渡性议会以缓和矛盾。同年，伊拉克入侵并吞并科威特。科威特的政治经济和社会现代化进程被打断。

第四节　海湾战争的影响

1990 年 8 月 2 日凌晨 2 时，伊拉克萨达姆政权对科威特发动侵略战争。伊拉克出动 10 万大军攻入科威特，当天下午 2 时，伊拉克军队占领科威特首都，并控制科威特全境。科威特军队难以抵挡伊拉克军队的攻势，迅速溃散，埃米尔的弟弟谢赫·法赫德在战斗中牺牲。科威特王室和政府仓皇逃往沙特阿拉伯，并在沙特阿拉伯的塔伊夫建立临时政府。8月4日伊拉克宣布在科威特成立"自由科威特临时政府"，8月8日伊拉克宣布科伊两国永久合并，8月28日宣布科威特被划为伊拉克的第十九个省。伊拉克吞并科威特引发震惊世界的海湾危机。

伊拉克吞并科威特后，科威特国民有些选择和伊拉克政府合作，大部分的科威特民众在国内开展抵抗运动。占科威特国民30%的什叶派在抵抗运动中最坚决和积极，很少有人选择与伊拉克政府合作。不少什叶派民众因为反抗伊拉克政府的统治而被杀害。伊拉克政府对占领的科威特领土严加控制，严酷镇压科威特民众的反抗。有不少科威特人被杀害，或被抓到伊拉克。伊拉克政府从本国大量移民到科威特。

科威特政府流亡沙特阿拉伯后迅速开展外交行动进行复国。出逃当天埃米尔及其亲信就通过美国在联合国争取支持。科威特驻美国大使请求美国给予科威特军事援助。在美国的工作下，联合国迅速通过660号决议，谴责伊拉克的侵略行为，要求伊拉克从科威特撤军。1990年8月5日，埃米尔通过电视讲话表示绝不向伊拉克投降，号召本国人民起来反抗伊拉克入侵者。9月7日，埃米尔在塔伊夫会见美国国务卿贝克。科方表示为了实现复国，科威特政府将承担美国军事行动中的开支。

科威特在寻求美国援助和支持的同时，也积极争取伊斯兰国家的支持。1990年8月4日，伊斯兰会议组织第十九届外长会议通过决议，谴责伊拉克的侵略行为，要求伊拉克无条件撤军。8月10日，在科威特的要求下，阿拉伯国家召开紧急首脑会议，要求伊拉克从科威特立即撤军，还决定由阿拉伯国家派遣阿拉伯军队保卫海湾国家。8月15日，海合会新闻部长会议决定停止和伊拉克在新闻领域的全部合作。8月22日，海合会在沙特阿拉伯召开国防领域会议，决定增强成员国之间的防务合作，增强现有快速部署部队的力量。9月8日，海合会四个成员国科威特、沙特阿拉伯、阿拉伯联合酋长国和卡塔尔决定向联合国授权出兵海湾的多国部队提供财政援助。12月25日，海合会第十一届首脑会议通过决议，决心使用各种手段帮助科威特复国。

科威特还寻求国际支持及时冻结海外资产，防止伊拉克提取。之后，科威特利用海外资产进行抗伊斗争。1991年1月，联合国授权以美国为首的多国部队打击伊拉克。科威特先后向多国部队提供181亿美元的财政支持。多国部队在对伊拉克作战上占尽天时、地利和人和，并且凭借强大的军事力量轻松击败伊拉克。1991年2月27日，科威特的国家主权得到恢复。

海湾危机和海湾战争是科威特现代历史上发展的一个重要转折点，对科威特的政治、经济、社会、教派关系、军事国防建设和外交政策都产生了深远的影响。

从政治上看，科威特的政治民主化进程加快。在科威特复国进程中，国民做出重要的贡献，战后的科威特政府也需要通过恢复议会满足民众的参政热情。议会在海湾战争之后的影响力得到提升，对政府的制约作用增强，在调查战争期间政府责任问题时发挥了重要作用。国内政治反对派组成科威特历史上空前的反对联盟。他们要求追究政府官员的战时责任，强烈要求在科威特加快民主化进程，限制萨巴赫家族的权力。科威特政治不可能再维持到海湾战争以前的状态，进行政治民主化改革势在必行。

经济上，科威特遭受惨重的经济损失，开始进行财政改革。海湾战争严重破坏了科威特的石油工业。伊拉克军队对科威特的石油设施进行破坏，科威特的石油生产和出口在战后初期陷入停顿。政府不得不依靠海外资产和向国际社会借债进行经济重建和恢复。科威特独立以来首次出现财政预算紧张的局面，压缩开支成为科威特政府这一时期的重要经济举措。

社会和教派关系上，海湾战争使科威特政府面临严重的财政问题。科威特政府被迫对战前的社会福利政策进行改革，战前很多的福利被削减和取消。政府开始引入社会和市场机制共同承担社会福利工作。科威特什叶派在伊拉克占领期间大部分留守，没有选择出逃。他们在国内积极开展反抗伊拉克入侵者的斗争，很多人牺牲。科威特什叶派在战争期间表现出对科威特政府的忠诚。战后，科威特政府与什叶派之间的关系更进一步，政府更将什叶派当成可以在政治上进行团结的力量。科威特逊尼派和什叶派在经历战火的洗礼后，加强了民族内部的团结。教派之间呈现出较为和谐的局面。

海湾战争对科威特的影响最深的是其外交政策的改变。科威特与以美国为首的西方国家之间的关系得到极大的提升，在军事和国防上形成对美国的依赖局面。科威特在海湾战争后更加重视本国的国防建设，从以美国为首的西方国家购买大量的先进装备。科威特还加强与海合会诸国在军事和防务方面的合作。

此外，战争赔款、在伊拉克的科威特人交还问题、与伊拉克的边界冲突问题等战争遗留问题长期困扰着科伊两国关系的发展。

阿拉伯国家中巴勒斯坦和约旦支持伊拉克入侵并占领科威特，此举对科威特与两国之间的关系产生了极为不利的负面影响。海湾战争后，科威特曾一度停止对两国的援助。

第五节　海湾战争以后现代化的推进

海湾战争后，埃米尔在各界压力下宣布于1992年恢复议会。民众的参政意愿强烈，但是女性被排除在外。新一届议会着手调查政府对伊拉克入侵的应对情况、审判伊拉克占领期间通敌的科威特人并加强国内的反腐败工作。科威特议会对伊拉克入侵期间和伊拉克进行合作的科威特人进行审判受到国际人权组织的批评。调查政府和王室在伊拉克入侵时的应对情况的专门委员会出炉的调查报告披露了政府在应对伊拉克入侵时的失职行为，批评内阁和王室成员在组织抵抗伊拉克入侵时选择仓皇出逃的无能表现。但是议会中支持政府的力量占主导，主张追究政府责任的力量弱小。议会在反腐方面做了大量的工作。1993年1月，议会通过一项反贪污受贿立法，规定对所有的国有企业和投资机构的账目进行审计。3月，议会废除秘密保护法，因该法使政府和国有企业的很多活动得不到监督，容易滋生腐败。7月，议会下属部门财经委员会批评政府对在国外的投资管理不善，对工作人员疏于审查和监督。1994年1月，议会废除科威特法律中"凡涉及内阁大臣的案件需在特别法庭审理"的条款（该条款使内阁大臣享有在法律方面的特权）。之后，议会对涉嫌巨额贪污腐败的前财政大臣阿里·哈里法·萨巴赫等5人进行审判，但在政府的干预下不了了之。

1996年10月，科威特选举产生第八届议会。这届议会与政府之间的关系一直很紧张，议会和政府围绕"阿卜杜拉·尼巴里"谋杀案、涉及伊斯兰教出版物等问题展开争执和对抗。1997年6月，议会反对派成员、前"国有资产保护委员会"主席阿卜杜拉·尼巴里遭遇未遂政治谋杀，科威特财政大臣纳赛尔·罗丹涉嫌参与此事。11月，尼巴里在办公室遭遇炸弹袭击，民众认为该事件与政府腐败案有关。

1998年，议会指责新闻大臣在1997年的书展中展出反伊斯兰教的出版物，内阁通过辞职逃避了议会的质询。1999年，科威特发生《古兰经》印刷出版错误的问题。议会和政府在处理方式上存在争执。埃米尔宣布解散议会。

进入21世纪之后，科威特的政治发展经历了明显的曲折，主要原因是科威特统治家族之间的权力争夺和分配问题。科威特独立后，统治家族萨巴赫家族后来分为几个支系家族，最主要的是萨利姆系和贾比尔系。

2001年，科威特在任埃米尔贾比尔·艾哈迈德·萨巴赫中风住院，他来自贾比尔系；王储且兼任首相的萨阿德·阿卜杜拉·萨利姆·萨巴赫也因为身患癌症和眼疾导致健康状况恶化，他来自萨利姆系；来自贾比尔系的萨巴赫·艾哈迈德·贾比尔·萨巴赫担任副首相和外交大臣，成为科威特的实际掌权者。但是身居高位的以上三人都年事已高。萨巴赫家族召开会议讨论国家政治发展和家族内部各族系的权力分配问题。萨利姆被迫接受现实，同意将首相和王储职务分开，不再由一人担任。2003年议会举行选举，萨利姆放弃首相职务，萨巴赫当选为首相。但是这并没有解决萨巴赫家族内部的权力之争。2005年，埃米尔和王储的病情加剧恶化，萨利姆系和贾比尔系的权力之争公开化。家族被迫召开会议，研究埃米尔的继承问题并要求通过顾问小组直接行使统治家族的领导责任。这时科威特国内流出一份支持首相萨巴赫的声明，该声明以病危中的埃米尔名义公布，引发萨巴赫家族内部的紧张气氛。

2006年1月15日，埃米尔逝世，王储萨阿德继位。但王室内部有不少人特别是贾比尔系反对其继位。1月21日，内阁召开会议决定启动宪法程序，解除健康状况不佳的新任埃米尔萨阿德的国家元首职务，要求议会将最高权力交给萨巴赫首相。但萨阿德拒绝交权，并且要求议会在1月22日安排他的就职仪式。议会议长哈拉菲表态支持，认为萨阿德有宣誓就职的权力。但内阁召开紧急会议要求议会通过合法程序废黜埃米尔。内阁和议会的分歧实际上反映了萨巴赫家族内部两个支系之间的权力争斗。

　　科威特第七任酋长穆巴拉克1915年逝世后，根据他留下的遗嘱，大儿子贾比尔和四儿子萨利姆先后执政。萨巴赫家族由此形成萨利姆系和贾比尔系轮流"坐庄"的执政传统，这种传统成为不成文的规定。根据科威特宪法和王室继承制度，埃米尔去世或者不能履行元首职责，则由王储担任新埃米尔。如果这一代埃米尔由贾比尔系出身的人担任，王储就由萨利姆系的人担任。内阁中各大臣职务也由两大支系分配。权力分配机制的形成保证了科威特政治的稳定。萨阿德反对内阁的决议实际上反映了萨利姆系对被政治边缘化的担心。贾比尔系担任埃米尔多年，这次如果萨巴赫上台，有可能导致萨利姆系的失势。但两派在1915年1月23日达成妥协，就权力分配问题达成共识，萨利姆系效忠萨巴赫，埃米尔同意将王位让给萨巴赫。1月24日，科威特议会通过决议，萨阿德被废黜，萨巴赫领导的内阁临时代行埃米尔的职权。议会决议后，内阁提名萨巴赫就任埃米尔，由萨巴赫的五弟纳瓦夫·艾哈迈德·贾比尔·萨巴赫担任王储。1月29日，萨巴赫正式就任埃米尔。2月7日，萨巴赫提名纳瓦夫·艾哈迈德·贾比尔·萨巴赫担任王储，任命前宫廷事务大臣纳赛尔·穆罕默德·艾哈迈德·萨巴赫为新首相，由他负责组阁。议会在科威特政治过渡时期发挥了重要的作用。科威特政治体制向制度化的方向推进了一大步。

　　21世纪头十年，科威特各方面的发展成就突出，得到外界的高度赞赏。在从2001年到2009年的人类发展指数的排名中，科威特名列阿拉伯世界第一位。

　　2010年中东剧变以来，科威特也受到冲击。2010年突尼斯的政治变局迅速扩展到科威特。科威特国内自2011年2月以后，发生多次民众组织的反政府和平集会，警民之间没有发生冲突。2011年11月，有民众提出抗议要求首相下台，他们批评内阁掣肘议会，制约经济发展和国家建设，政府的低效和治国乏术，以及议会内部出现的腐败现象。11月16日夜，约5万人举行示威活动并冲击议会。但是国家依靠坚实的财政基础通过向民众发放福利补贴的方试实现了社会和政治的稳定。科威特政府借助建国50周年庆典之际向每位国民发放3 500美元现金和13个月的食品供应卡以化解冲突。除此之外，埃米尔还通过解散议会和重组内阁缓和矛盾。

2012年6月，议会中的反对派和政府就如何分配内阁大臣职位的问题开展激烈争执，政府被迫中止议会活动1个月。

从总体上看，科威特政府通过在中东剧变后给民众大量发放福利、利用议会缓和政治矛盾，加上海湾国家合作委员会的安全机制以及西方大国的保护，科威特最终实现政治的稳定。

第六节　历史的特征

科威特历史发展的一个重要特征是作为独立国家的历时短暂，作为大帝国组成部分的历史久远。科威特作为东西方文明交往大通道上的重要一环，历来是各大帝国争锋的重要舞台。亚述帝国、巴比伦王国、波斯帝国、亚历山大帝国、萨桑帝国、阿拉伯帝国、葡萄牙、奥斯曼帝国和英国先后将科威特纳入其版图或者势力范围。

现代科威特民族国家的建立与英法等西方国家扩张造成中东地缘政治版图碎片化有很大关联。中东现代民族国家体系的形成也标志着中东地区在世界政治舞台边缘化的开端。科威特作为中东小国难以在世界政治舞台上发挥重大的影响力，国防和军事上对大国的依赖决定了科威特尽管可以成为富国但难以成为真正的强国。

科威特历史发展的另外一个特征是商业文化的繁荣。地处东西方贸易商道的位置使科威特人开展商贸活动拥有得天独厚的条件。商业文化的繁荣使科威特从古到今的政治社会呈现出开放和包容的特征，科威特政治重协商的政治风格也与此密切相关。现代科威特民族国家能够形成较为开明的君主立宪政体某种程度上是这种文化影响的结果。商业文化传统也对现代科威特经济的发展产生了重要的影响。科威特能够首先利用石油收入进行国际投资和跨国经营也是商业文化在当代科威特产生影响的体现。

第三章　政治

科威特是中东地区政治特色鲜明的国家。独立以后，科威特确立君主立宪制。随着国家的发展，科威特的君主立宪制逐渐走向完善，政治现代化稳步推进。本章将对科威特国体和政体的基本情况做简单介绍，总结科威特政治发展的特征。

第一节　国家标志

一、国名

科威特全称为科威特国，通称科威特，官方语言是阿拉伯语，英语是通用语言。

二、国旗

科威特国旗呈横长方形，长宽比为2∶1。靠旗杆一侧为黑色梯形，右侧自下而上由红、白、绿三种颜色的宽横条组成。国旗颜色源于阿拉伯诗人萨菲丁·希利的一首诗："白色是我们的创造，黑色是我们的战绩，绿色是我们的牧场，红色是我们的历史。"还有人认为科威特国旗的四种颜色，黑色象征打败敌人，红色象征为国家流血牺牲，白色代表纯洁，绿色代表绿洲。

❦ 三、国徽

科威特国徽呈圆形，一只金色的阿拉伯雄鹰展开雄健的双翼托起国徽构成圆周，圆面上有蓝天、白云、海水和行进在海面上的帆船，它象征历史上的科威特。鹰的胸前是盾形的国旗图案，圆面上部用阿拉伯文写着"科威特国"。

❦ 四、国歌

从独立到1978年2月，科威特使用《埃米尔颂》代行国歌，它由优素福·阿迪斯在1951年作曲。科威特现在使用的国歌是《祖国颂》，由诗人艾哈迈德·米斯里·阿达瓦尼作词，易卜拉欣·苏拉作曲，艾哈迈德·阿里改编，于1978年2月25日的科威特国庆节第一次播放。

第二节　　国体与政体

独立后的科威特政治体制是其传统部落酋长政治体制和西方宪政思想相结合的产物。

根据科威特1962年11月11日颁布的宪法，科威特是一个独立和主权完整的阿拉伯国家，是一个世袭制酋长国，埃米尔是国家元首兼武装部队的最高统帅，其职务必须由穆巴拉克·萨巴赫的后裔世袭。科威特的政体为二元制的君主立宪制，建立在权力分治而又相互合作的基础之上。行政权由埃米尔、内阁和各部大臣行使。司法权由各级法院在宪法规定的范围内以埃米尔的名义行使。科威特司法保持独立，不受任何机构或个人的干涉。内阁是国家的最高行政机关，由首相和内阁大臣组成，首相主持的内阁大臣会议是国家最高权力机关的执行机构。大臣会议由首相、副首相和各部大臣等人组成，其中国防、内政大臣与外交、内阁事务大臣都由两个副首相兼任。内阁成员的人数不能超过议会议员的三分之一。埃米尔通过内阁行使其权力。埃米尔有权任免首相，并根据首相的提名任免内阁大臣。内阁负责制定和执行国家的内政和外交政策，其政策决定须提交埃米尔批准。

科威特内阁成员由首相、兼任国防与内阁大臣的副首相、兼任外交与内阁事务大臣的副首相、财政卫生大臣、公共工程城乡事务大臣、石油议会事务大臣、司法教育高教大臣、工商计划发展大臣、电力水利交通大臣、社会劳工住户与宗教事务大臣、新闻大臣和中央银行行长组成。科威特中央政府内阁包括18个部和23个直属局和事业单位。内阁直属局包括中央银行、海关总署、中央统计局、农业与渔业资源总局、青年与体育总局、民政局、审计署、民航局、港务局、社会保障局、环保局、文官委员会、投资局、住房总局、工业总局、舒艾巴工业区管理局、科威特石油总公司、科威特阿拉伯经济发展基金会等18个机构。内阁直属事业单位包括科威特大学、科威特通讯社、科威特科学研究院、国家文学艺术文化委员会、科威特科学进步委员会。

科威特设有外交部、国防部、内政部、新闻部、财政部、石油部、商务部、计划部、教育部、高教部、宗教事务部、住房与公共工程部、司法部、劳动与社会事务部、卫生部、水电部、交通部、行政发展部等18个部门。

科威特议会对政府有一定的制约作用，萨巴赫家族是科威特的统治集团。内阁中的各要害部门的大臣都由王室成员担任。

第三节　　立法

科威特宪政思想的来源包括传统阿拉伯半岛部落文化中的协商精神、伊斯兰教法和西方的法律。根据科威特宪法，伊斯兰教是科威特的国教，伊斯兰教法是立法的主要依据。在阿拉伯传统中，解决矛盾和冲突的方式是协商。科威特长期遭受英国的殖民统治，英国对科威特对外事务的长期控制造成英国对科威特的长期影响。科威特宪法就是这种结合的产物。科威特立宪议会在制定宪法的过程中曾对欧美和埃及等国的宪法进行借鉴，也考虑到本国游牧民族重视协商的历史传统。科威特成为中东地区较早实行宪政的国家。

科威特的立法权由埃米尔和国民议会行使，埃米尔有权解散议会和推迟议会召开日期。议会实行一院制，由选举产生的议员和内阁成员组成，每届任期四年。科威特议会的产生与独立前科威特已经存在的协商会议有很大的关联。阿拉伯半岛的阿拉伯部落有通过协商解决冲突和矛盾的历史传统。科威特的阿拉伯部落也是由阿拉伯半岛的内志地区迁徙到科威特，继承了协商解决矛盾和冲突的传统。在奥斯曼帝国的统治时期，科威特的部落政治传统没有受到大的冲击。到了英国殖民统治时期，英国控制科威特的外交事务，对于科威特的内政不加干涉，部落政治模式得到延续。英国殖民统治时期，科威特的政治体制已经开始向现代政治体制转型。科威特在1934年、1936年和1938年进行科威特市政委员会、教育委员会和科威特立法会的选举。

第四节　宪法

科威特宪法是国家的根本大法，它建立在民主原则基础之上，并结合了总统制和欧美资本主义国家议会制的积极方面。它的三大支柱是国家主权、公民自由、法律面前人人平等。科威特宪法是通过立法产生的成文契约，它是由人民选举产生的20名委员和11名内阁大臣组成的制宪会议制定的。为尊重民意，内阁大臣们在讨论通过宪法草案时未参加投票。宪法起草工作历时6个月。1962年11月11日，科威特埃米尔谢赫阿卜杜拉·萨利姆·萨巴赫对宪法草案未做任何修改而予以签字批准。1963年1月29日，宪法由科威特第一届国民议会第一次会议通过后生效。

科威特宪法是科威特独立以来制定的唯一一部宪法，共5章183条，由五部分组成：国体和政体、科威特社会基本构成、权利和义务、政权、一般条款和临时条款。宪法主要规定有：

科威特是一个完全独立的阿拉伯主权国家，主权在民，不可转让；领土的任何部分不许放弃。宪法禁止进攻性战争。埃米尔的继承权限制在穆巴拉克·萨巴赫后裔之中。伊斯兰教为国教，其教义为立法的主要依据。

埃米尔通过内阁行使行政权，任命首相，并根据首相的建议，任命或解除大臣职务。大臣可以不是议员，但所有大臣在议会任期内具有法定议员资格。埃米尔负责制定法律，法律在《官方公报》上发布后生效。所有法律均需送交议会审议，并经议会批准后发布。

埃米尔与国民议会共同行使立法权。国民议会由50名议员组成，每届任期四年。议员由出生在科威特、年满21周岁的男性公民选举产生，军人和警察不参加选举。议员的候选人需年满30周岁、具有公民权和读写能力。国民议会每年会期不得少于8个月。新一届议会选举需在上届议会任期结束后2个月之内举行。

埃米尔有权要求议会重新审议已经通过的议案，如果其议案在下次议会会议上再次以2/3的多数通过，或在此后的会议上以简单多数通过，该议案则自动生效。发布紧急状态法需征得议会同意。

议会可对大臣提出"不信任"案，在此情况下大臣必须辞职。议会不得对首相提出"不信任"案，但可呈报埃米尔由其裁决，或解除首相职务，或解散议会。国家机关公务员只限于由科威特公民担任。科威特人在法律、尊严、权利和义务面前一律平等，人身自由不可侵犯。非经法律允许，对任何人不得拘留、逮捕和流放。人人享有言论自由。在法律范围内，每个人都有权通过演讲、写作或其他方式表达自己的观点。新闻自由得到保障，非经法律允许，不得对新媒体采取压制措施。

国家保护依据现行习俗而从事的各种宗教活动与仪式，只要这种活动和仪式不违反公共秩序和伦理道德。

允许依法成立工会组织。国家保护私有财产。在法律允许的范围内私有财产所有者可自由处置其财产。不得剥夺任何人的财产，除非法律特许并给予公正的赔偿。非经法律允许，不得私入民宅。科威特公民享有迁徙和选择居住地的自由。人人有受教育和自由选择工作的权利。在法律允许的范围内，公民享有集会、结社和游行的自由。

国家维护社会安定，承担自然灾害和公共灾难造成的损失，对遭受战争破坏或履行军事职责的受害者给予补偿。

科威特宪法是海湾地区君主制国中首部实施的宪法，也是第一部由统治者提出实行宪政要求而制定的宪法。该宪法经受住了历史的考验，被该地区许多君主制国家所仿效和借鉴。

该宪法是制宪议会在深入研究和大量借鉴英法等先进资本主义国家宪法的基础上，密切结合本国实际，并在考虑到游牧民族向来重视协商与民意的历史传统后制定的，吸纳了欧美资本主义国家宪法内容中好的方面。科威特宪法最重要的部分是有关议会的规定，共计44条，约占整部宪法183条的五分之一。它详细地规定了议会的选举、运作、机构设置和职能，以及议员的权利、义务等。科威特宪法很多内容仿效西方国家的宪法。

第五节　政治团体

科威特的政治生活中的一个重要特征是没有政党但有政治团体和派别。科威特宪法禁止政党存在，其政治性组织和派别不能以政党的形式参加政治生活。海湾战争以前，科威特政府对政治团体采取限制政策，对新闻采取严格检查。海湾战争以后，国内外形势发生变化，科威特被迫放松对政治团体的限制，解除新闻检查。科威特的政治体制使政治团体的影响力有限。

独立以来，科威特的主要政治团体有阿拉伯民族主义者运动、前议会联盟、科威特民主论坛、伊斯兰全国联盟、宪政集团等。阿拉伯民族主义者运动由"解放巴勒斯坦人民阵线"领导人乔治·哈巴什博士在20世纪50年代创立，60年代随巴勒斯坦移民进入科威特。该组织主张实行民主、反对封建特权、维护民族利益、发展民族经济，主张给予阿拉伯侨民适当权利，对外主张阿拉伯民族之间的统一，反对帝国主义的侵略，支持巴勒斯坦解放事业，与东西方同时发展关系。该组织代表人物艾哈迈德·哈蒂卜多次当选议会议员。在1971年议会选举中，该组织获得10个席位，但在1981年的议会选举中没有获得席位，此后停止活动并消失。前议员联盟由科威特第六届国民议会中的30名议员组成，该组织主张实行民主改革。在政界有较大影响的伊斯兰宪政运动成立于1991年3月，成员为逊尼派，在科威特的金融界和商界影响力很大。该组织主张以温和手段使科威特遵循伊斯兰教法。伊斯兰全国联盟属于什叶派组织，主张实行伊斯兰教法；宪政集团由科威特商人和企业家在海湾战争期间组成；全国民主联盟成立于1997年5月，成员多为知识分子和自由派人士。

第六节　　议会

❦ 一、独立前的宪政尝试

在当代科威特的政治架构中，议会发挥了重要作用。议会政治的形成和发展是科威特的历史传统和现实的政治发展需要共同起作用的结果。科威特的统治阶层主要由历史上迁徙到科威特所在地区的阿拉伯部落组成。阿拉伯部落政治中盛行通过协商解决分歧和争端，政治协商的传统、科威特统治家族的影响根深蒂固。从19世纪20年代开始，科威特就酝酿成立能够体现政治协商精神的政治机构，推动科威特政治向现代政治过渡。

1921年4月，在工商界和知识分子群体的推动下，埃米尔宣布成立协商委员会。埃米尔成立协商委员会还有一个目的就是通过该组织的成立解决家族内部的政治冲突，加强家族内部的团结，巩固本家族的统治地位。协商委员会是当时在海湾和阿拉伯半岛地区出现的第一个带有政治协商性质的议事机构，由12名工商界和学界的知名人士组成，哈马德·萨格尔担任主席。协商委员会的成立在科威特乃至海湾阿拉伯半岛地区都有历史性意义。该组织在经过短期活动后就被取缔，但对科威特政治发展来说影响深远，为后来的议会政治出现积累了经验。协商委员会的出现也显示了科威特政治向现代政治的过渡已经成为不可阻挡的历史潮流。20世纪30年代，科威特先后成立市政委员会、教育委员会和立法委员会等机构，通过这些选举实践，民众的参政意识得到提高。1936年，科威特商业界人士向埃米尔施压通过宪法草案，可是最终无果而终。但是这些努力都为独立后议会的成立做好了历史准备。

💠 二、制宪会议与宪法的颁布

在摆脱英国殖民统治宣布独立后，科威特开始本国的政治制度建设，向君主立宪政治转变。

1961年8月，独立后2个月，埃米尔就颁布法令宣布成立制宪会议筹备委员会，负责制定制宪会议选举法。制宪会议选举法在之后的9月6日颁布。根据选举法的规定，全国被划分成10个选区，登记的选民数量为11 288人。每个选区的选民通过匿名投票的方式选出两名委员，组成制宪会议。制宪会议的主要任务是起草科威特宪法草案。

1961年12月，制宪会议举行第一次会议，埃米尔出席会议开幕式并发表讲话，他强调民主的重要性，认为民主是建设现代国家必不可少的一环。1962年3月，制宪会议成立5人宪法起草委员会，具体负责宪法的起草工作。宪法草案在经过多次修改后由起草委员会通过，最后在当年11月报埃米尔并获批准。1963年1月，制宪会议在完成历史使命后退出历史舞台。科威特开始进行议会政治实践。宪法为议会行使其政治权力提供了法律保障，议会能够对政府的权力形成一定的约束。

💠 三、议会政治实践

从1963年至今，科威特共产生15届议会。第一届议会选举从1963年1月23日开始，全国登记选民16 889人，此次议会选举进程顺利，共选举产生50名议员；1月29日，埃米尔出席议会第一次会议开幕式并发表讲话。会议选举阿卜杜拉·阿齐兹·萨格尔为议会议长，沙特阿拉伯·阿卜杜拉·拉扎克为副议长。1964年，科威特发生议会事件。10名议员因为不满政府改组而缺席议会以示抗议，议会增选10名替补议员。第一届议会共召开140次会议，通过172个议案。1965年发生的议会维护科威特石油权益的事件充分显示了议会的作用。该年，科威特政府承认欧佩克与西方石油财团达成的逐步实现油田使用费经费化的协议，协议规定把原来应当给予产油国的每桶油标价8.5%的收入给予西方石油公司，西方石油公司将每桶石油收入的12.5%作为油田使用费交给产油国。议会认为政府损害了科威特的石油利益，拒绝批准该协议，12名议会议员通过辞职表示抗议，议会议员的抗议产生了积极影响。尽管该协议在第二届议会中被通过，但是其中增加了对科威特有利的条款。1967年1月，第一届议会闭幕。

科威特第二届议会在1967年1月25日由选举产生。参加选举的登记选民达到27 296人。第三届议会产生于1971年1月23日，登记选民为40 646人。第二届和第三届议会中，议会在争取国家石油权益和支持阿拉伯国家对以色列的斗争方面发挥了重要作用。议会的主要工作包括通过对支持以色列的西方国家实施石油禁运以及提供财政支持的方式支持阿拉伯国家。议会在推动国家油气资源国有化方面也发挥了重要作用。西方石油公司在科威特进行石油开发时，将石油伴生气直接放空烧掉，议会批评西方石油公司的浪费行为，要求政府将伴生气收归国有加以利用，政府在压力下与西方石油公司进行谈判，但后者对此置之不理。1971年10月8日，议会通过法令将天然气资源收归国有。此后，科威特议会又在1972年向与西方石油公司谈判的政府施加压力，最终促使政府在1975年完成石油资源的国有化，维护了国家的利益。科威特议会还通过了很多惠及民生的法案。

1975年科威特第四届议会产生，登记选民达到49 366人。这届议会中，政府反对派议员在议会中的比例大幅上升，他们与政府存在很多分歧和矛盾，导致政府的很多执政法案无法通过。埃米尔在1976年8月29日宣布解散议会。科威特进入五年的过渡期，科威特的法律和法令由内阁负责颁布。政府专门成立立法与行政事务部监督内阁和起草法律工作。科威特还进行了宪法修订工作，原来宪法第二条"伊斯兰教为国教，其教义为立法的依据"改为"伊斯兰教为国教，其教义为立法的主要依据"。1980年12月，政府将原来的10个选区重新划分为25个选区，每个选区选出2名议员。政府还对以往议会选举过程中出现的重复登记现象进行了治理。

1981年2月23日，科威特举行第五届议会选举，登记选民人数为41 698人。此届议会中亲政府的部落保守势力占据优势，政府反对派和阿拉伯民族主义者失势。1985年2月20日，科威特选举产生第六届议会。科威特国内矛盾激化，局势不稳，埃米尔于次年7月3次宣布解散议会。此后，直到1992年，科威特才重新进行议会选举。1992年10月，第七届议会产生，全国登记选民共有81 400人。政府反对派伊斯兰集团在议会中占据31席，成为议会中第一大势力。议会先后开展对伊拉克入侵期间政府责任的调查工作、国内反腐败工作，但是没有取得明显效果。

1996年10月7日，第八届议会由选举产生。登记选民人数达到107 169人。此届议会与政府关系紧张，科威特国内面临爆发政治危机的危险，埃米尔在1999年4月宣布解散议会。同年7月，第九届议会由选举产生。此届议会工作的一大亮点是批准了妇女在"2003年开始享有选举权，并有资格担任内阁各部大臣"的法令，除此之外，议会还颁布社会福利政策改革、加速私有化、提高经济开放水平等法令，对实现国家经济多元化起到积极作用。

2003年7月，科威特进行进入21世纪以来的第一次议会选举，产生第十届议会。妇女第一次有机会参加议会选举，但是选票不计入正式计票之列。议会在解决国内出现的继承人危机中扮演重要角色。

2006年6月29日，第十一届议会由选举产生。妇女在科威特第一次真正行使选举权和被选举权，但是无人当选。在2008年5月进行的第十二届议会选举中，妇女仍然没有获得议席。但在2009年5月选举产生的第十三届议会选举中，妇女获得4个议会席位。

2012年2月2日，第十四届议会由选举产生，政府反对派获得大胜，议会成为反对派与政府进行斗争的工具。反对派和政府在内阁大臣名额分配、对王室成员的质询问题上发生冲突，政府在6月宣布中止议会活动。宪法法院宣布2月份的选举无效，科威特在当年12月进行重新选举。2013年6月，宪法法院裁决2012年12月的议会选举存在问题。同年7月28日，第十五届议会通过选举产生。2016年10月16日，埃米尔以国家安全为由解散议会。

从科威特议会政治实践的历程可以看出，议会在推进国家政治民主化、政府管理水平的提升、经济改革方面发挥了重要作用。但是科威特的议会政治又有不少的局限性。

首先，议会对埃米尔的制约作用有限，特别是在涉及萨巴赫家族的核心利益时，埃米尔很少让步。议会并不能对萨巴赫家族实施完整的监督，在处理与议会的关系时，埃米尔经常用以权压法的做法，来维护家族成员。

其次，议会内部各派的斗争也会危及科威特社会的稳定。历史上经常发生各派利用议会进行政治斗争，危及政治稳定的事件。埃米尔对此只能选择解散议会或中止议会活动。

第七节　　国家元首

科威特的国家元首是埃米尔，其称号是科威特国埃米尔殿下。科威特宪法规定埃米尔通过内阁行使其权力。他的人身受到保护，不可侵犯。科威特的内阁首相和各部大臣对国家总政策集体向埃米尔负责，每位大臣对其主管的部门事务负责。宪法还规定，埃米尔是武装部队最高统帅。不经议会通过和埃米尔批准，不得颁布任何法律。

科威特国家元首实行王储继承制。宪法规定，埃米尔继任后一年内指定王储。王储的产生方式有两种，第一种是由埃米尔指定一人，议会特别会议在多数赞成的情况下，由埃米尔发布命令任命；第二种是由埃米尔在穆巴拉克·萨巴赫家族后裔中推荐三名王储候选人，由议会确定其中的一人为王储。

王储必须智力健全，父母双方均为穆斯林。王储在继任埃米尔前要在政界和军界长期历练。

第八节　　政府

科威特内阁是国家的最高行政机关，由首相主持的内阁大臣会议是国家最高权力机关的执行机构。大臣会议由首相、副首相和各部大臣等人组成，负责实施国家元首埃米尔颁布的法律、法令，落实他的指示和意愿；依据宪法和埃米尔授权，具体负责管理国家对内、对外的一切事务，维护国家独立、主权和领土完整，保护国家的自然资源，发展国民经济，提高国民生活水平和实现国家繁荣昌盛。内阁大臣由首相提名、由埃米尔任命，无须经国民议会批准，大臣直接对首相负责。

自20世纪60年代至2005年，科威特先后共4位首相组成21届内阁，他们分别是：第十二任埃米尔萨巴赫·萨利姆、第十三任埃米尔贾比尔·艾哈迈德、第十四任埃米尔萨阿德·阿卜杜拉和现任埃米尔萨巴赫·艾哈迈德。第十九届内阁于1999年7月13日组成，2001年1月29日宣布辞职。同年2月14日，王储萨阿德重新组阁，为独立后的第二十届内阁。2003年7月13日，埃米尔贾比尔发布命令，任命第一副首相谢赫萨巴赫·艾哈迈德·贾比尔为首相，并由15人组成第二十一届内阁。

2006年1月29日，时任首相的萨巴赫·艾哈迈德继任第十五任埃米尔；2月，即任命其侄子、宫廷事务大臣纳赛尔·穆罕默德·艾哈迈德·萨巴赫为首相，组建新一届内阁。由于受国际金融危机和"阿拉伯之春"影响，纳赛尔执政以来，政府和议会围绕改革等重大国计民生问题的冲突时有发生，有时甚至影响到国事正常进行，迫使埃米尔不得不行使宪法权利，解散议会，以保证政令执行。2011年11月30日，萨巴赫任命贾比尔·穆巴拉克·哈马德·萨巴赫为首相，组建第二十九届内阁。截至2011年12月6日，萨巴赫多次解散议会，先后6次任命其侄子纳赛尔为首相。

2013年8月4日，科威特内阁进行了部分改组，财政大臣舍马利被免职，取而代之的是前中央银行行长萨利姆·阿卜杜勒·阿齐兹·萨巴赫。科威特内阁由埃米尔任命，埃米尔掌握行政权，立法权归议会，埃米尔对议会立法有否决权。宪法规定，立法权由埃米尔和国民议会行使，且前者还拥有解散议会的权力。因此，国民议会对政府的制约作用非常有限，以埃米尔为首的统治家族实际上掌握着国家的最高权力。从独立后科威特历届内阁组成来看，要害部门如外交、国防、内政、新闻等部，都为王室成员所掌控。元首和首相办公厅主任、国民卫队司令、中央银行行长、重要省份省长、国家奥林匹克委员会主席，乃至于主管军品采购、原油销售等这些握财权的特殊单位的负责人，都为王室成员。

2016年12月10日，科威特内阁重新组阁。

2017年10月30日，贾比尔提出辞职。同年12月11日，埃米尔萨巴赫批准新一任内阁，仍由贾比尔担任首相。

科威特地方行政机构分为行政省和区两级。全国设有6个行政省，各省归内政部管辖。行政省设有公安、警务、教育、医疗卫生、供给、水电和邮政等少数办事机构，重要事务多由中央各部门直接办理。科威特最基层的行政单位是区，区长由内政部任免，主要职能是负责基层选举、人口普查、治安以及科教文卫等公共事业组织管理工作，沟通中央和地方。

第九节　司法机关

宪法规定，司法权由各级法院在宪法规定范围内以埃米尔的名义行使。司法机构行政上隶属于司法部，最高法院院长由埃米尔任免。科威特司法体系由专门法院和普通法院组成。专门法院指宪法法院；普通法院包括高级法院、上诉法院、初级法院、交通法庭和即决法庭。

宪法法院由5名大法官组成，其职权是负责对宪法条款进行解释，对立法机构所批准的法律、法令、条例合法性纠纷案件进行审理，对当选议员及其选举的合法性进行审议，有权向国民议会提出异议。

高级法院由5名法官组，其职权是审议上诉法院和国家安全法庭判决的合法性。

上诉法院由3名法官组成，其职权是审理初级法院判决的合法性。

初级法院按案件的性质不同分以下科室：民事与商务纠纷(1名法官)；民事纠纷(1名法官)；租赁、契约(3名法官)；刑事犯罪(3名法官)；劳务(1名法官)；行政纠纷(3名法官)；上诉(3名法官)；对行为不端提出质疑(3名法官)。

交通法庭由1名法官主持，负责判决各种交通事故。

各省设有"即决法庭"，负责审理民事和商务纠纷、紧急案件、租赁、不端行为等案件。每一案件由1名法官负责判决。

第十节　政治特征

在独立以来的发展过程中，科威特已经形成具有鲜明特色的现代君主立宪制。民选的议会和君主任命的政府的结合造就了科威特混合型的政治系统。

科威特的君主立宪制不同于过去的封建专制君主制，埃米尔的权力受到议会和宪法的制约，没有封建君主的专制权力。科威特在独立前就尝试从传统的专制君主制向二元君主制过渡。20世纪20年代，科威特建立协商委员会；20世纪30年代，科威特商业群体向酋长施压，进行起草宪法的工作。尽管这两项工作没有取得明显的效果，但是科威特独立后实行君主立宪已是必然。

根据科威特宪法，埃米尔在议会休会和被解散期间颁布的命令不能和宪法相抵触，不能违反预算法所包括的拨款规定，而且随着科威特的发展，议会在科威特政治生活中的作用越来越重要。议会在科威特政治生活中发挥实实在在的作用。议会对内阁的制约作用明显。新时期科威特埃米尔和内阁批准的很多经济社会改革方案到议会都通不过。在科威特政治生活中，议会中的逊尼派政治反对派给埃米尔的执政带来很大的压力，埃米尔选择和国内的什叶派达成政治联盟制约逊尼派政治反对派。埃米尔还通过在议会中配置亲信部落派别制衡对抗自由民族主义者反对派在议会中的影响。埃米尔不能像传统君主一样独断专行。反对派经常通过议会对政府的政策进行抨击。

家族在科威特的政治生活中发挥重要作用。科威特政治很大程度上说是一种现代家族政治。萨巴赫家族在整个科威特的政治生活中居于核心统治地位，政府的各要害部门都由该家族掌控，萨巴赫家族与其他在工商业中占有重要地位的家族共同构成了科威特统治阶层的核心。有学者将科威特统治阶层分为三大集团，第一集团是"原始家族"集团，由七八个家族组成，在这个集团中，萨巴赫家族居于最核心和最有权势的地位；第二个集团是"伊朗人"集团，包括5个家族，他们由出生在伊朗人士的家族的后代组成，会说波斯语，他们拥护埃米尔的政策；第三个集团是"伊拉克人"集团，由3个家族组成。科威特独立前，这些家族就是科威特的统治家族。独立后，在科威特的政治经济舞台上，这些家族依旧占有统治地位。

伊斯兰教对科威特君主立宪政体产生重要的影响，对中东地区国家的政治普遍产生影响。在谈论中东国家政治时，伊斯兰教的地位和作用再强调都不为过。科威特国民全民信仰伊斯兰教，科威特宪法规定："伊斯兰教是科威特的国教，伊斯兰教法是立法的主要依据，国家保护伊斯兰教和阿拉伯传统。"伊斯兰教的强烈涉世性和科威特作为伊斯兰国家这一特性决定了伊斯兰教对科威特政治、法律、社会家庭的全方位影响。伊斯兰教是埃米尔用来团结和统治国民、巩固统治地位的重要武器。

科威特没有政党。科威特政府不允许政党的存在，但在科威特形成很多政治派别，现代政党制的缺失是海湾君主国的共同特点。科威特政党制难以形成的重要原因为科威特由传统君主国向现代国家过渡的过程中，政治生态没有发生过质的变化；家族政治在现代社会得以延续；以家族为代表的科威特统治阶层垄断了国家的绝大多数财富，科威特社会力量受制于各种政治经济原因难以形成气候；英国的殖民统治没有冲击科威特原有的政治结构。独立后，萨巴赫家族对财富的垄断继续，加上统治阶层打造的高福利社会使民众的诉求基本都能得到满足，科威特国内权力格局实现稳定化。现代政党在科威特的缺失存在合理性。

与其他海湾君主制国家相比，科威特已经形成相对开放的政治参与环境，公民社会的发展相对较为成熟。科威特政府对社会的管制相对较松，允许各种社会组织的存在，对媒体出版的管制比较宽松。

第四章　军事

第一节　独立前军事发展概况

独立以前，科威特经历了从一个奥斯曼帝国名义上控制的酋长国到英国控制下的内部自治的酋长国的转变。科威特主要依靠征召部落子民，兵员战时为兵，平时为民。奥斯曼帝国统治时期，科威特面临的威胁主要是帝国中央政府、拉希德家族和伊本沙特阿拉伯家族。为保障自身的生存，科威特历代酋长重视军事建设。科威特曾经在科威特城筑起多道城墙以抵御外敌的入侵。19世纪末，为对抗奥斯曼帝国中央政府，科威特穆巴拉克酋长将本国的安全置于英国的保护之下，但其军队建设仍然很落后，不足以抵抗外敌的入侵。1921年，正是由于英国的干涉，科威特才免遭沙特阿拉伯家族的吞并。科威特并没有建立起正规的武装部队。

第二节　独立后的国防建设

科威特建国后军队建设才真正起步。科威特宪法规定禁止进攻性战争；保卫祖国，维护国家独立、主权和领土完整是每个公民的神圣职责。军队建设是国家安全的保障，科威特政府实行富国强兵政策，利用本国的石油收入进行国防建设。国防建设的主要一环是强军。科威特政府致力于建设一支装备精良、训练有素、能够初步抵御外来入侵的武装力量。国防部和总参谋部密切关注军事领域的最新发展，向武装部队提供最精良的装备。科威特的军事科技水平落后，不具备研发和制造先进武器装备的能力，武器装备全部依赖进口。科威特是世界上主要的武器进口国之一，主要进口西方国家所产的先进武器，进口的武器种类包括坦克以及各种类型的导弹。

独立后，科威特在原来警察部队的基础上组建2 500人的陆军混合旅，并组建小规模的海军和空军，由英国军事专家团负责训练。在科威特的国防体制下，武装部队的最高统帅是埃米尔，他有权宣布战争状态和实行军事管制，任免武装部队高级军官和国民卫队司令。国防部是科威特政府负责国防的职能部门，国防大臣是国防部的主要负责人，对埃米尔和首相负责。科威特总参谋部为最高军事指挥机构，总参谋长直接对埃米尔负责。科威特的军事力量掌握在萨巴赫家族手中。

科威特建国初期实行志愿兵役制，兵员主要来自无国籍贝都因人和巴勒斯坦移民。他们参军的主要目的是获得科威特国籍或者谋生。独立后，科威特的国防建设受到外部环境的影响。对科威特国家安全产生最大威胁的是伊拉克。伊拉克卡塞姆政权不承认科威特的独立，认为科威特在历史上属于伊拉克的一部分，最终引发政治危机，英国重新进驻科威特，最终在阿盟联合部队的干预下英国才撤军。该事件后，科威特政府加大对军队国防建设的投入。1973年，科威特与伊拉克发生边界冲突，科威特被迫加快军队建设步伐。1978年，科威特实行义务兵役制：规定科威特年满18周岁的男性公民都有服兵役的义务，服役期为二年，高校毕业生的服役由在校期间的一年军训和毕业后的一年兵役组成；退役后的服役预备期为十四年，每年受训1个月，直到40岁。但志愿兵役制并没有被废除，科威特实际上实行义务兵役制和志愿兵役制相结合的征兵制。

到20世纪70年代末，科威特的军队规模达到1.24万人，其1979年的国防预算达到9.79亿美元。但科威特的军队国防建设难以保障本国的国家安全。1990年8月，伊拉克入侵科威特，科威特军队难以抵抗并迅速溃散，军事设施大部分被破坏。

海湾战争结束后，科威特政府加紧军事建设，制订10年建军计划。1992年，埃米尔授权从国家总储备金中提取约120亿美元用于未来12年的军事开支。科威特大量购置世界先进武器装备，扩大军队数量，军费开支激增。科威特的国防预算在20世纪90年代占国家预算总额的27%到33%，1994年，军费开支为14.83亿美元，补充预算为17.24亿美元。1998年军费开支为35亿美元，1999年军费开支为32亿美元，2000年军费开支为33亿美元。进入21世纪以来，科威特的军费开始下降，2001年军费预算为26亿美元，2003年为18亿美元。2011年，科威特的国防预算为11.2亿美元。

科威特的国防力量由陆军、空军、海军和国民卫队组成。国民卫队约5 000人，系独立的军事机构，成立于1967年，隶属于以王储为主席的最高国防委员会。其被编成3个国民卫队营，装备有各型装甲车约90辆。国民卫队实行志愿兵役制，其基本职能是协助武装部队和公安部队维持治安，承担最高国防委员会委托完成的其他任务。

对科威特军官进行教育和培训的主要机构是穆巴拉克指挥参谋学院，该学院与英国保持密切的合作关系。英国向该学院提供半数的教官，并在教材使用和训练方式上采用英式教学。

第三节　海合会与科威特的国防建设

海合会的成立是海湾君主国共同应对政治、经济和安全领域的挑战而成立的地区性国际组织。海合会成员国在军事领域的合作是重要的一环。2000年12月，海合会第二十一届首脑峰会在巴林召开，6国签署联合防务计划。各国组成联合武装力量"半岛盾牌部队"。半岛盾牌部队配备有先进的现代化预警系统和网络通信装备，成立该部队是海合会各国加强军事合作、共同保障各国国家安全和主权的一项重大举措。

科威特是半岛盾牌部队的重要组成部分。各国通过军事领导人互访、进行联合军事演习增进彼此间的了解和协调。各国在军事教育方面也使用统一的教学和训练大纲，通过单一的军事训练计划培养海湾地区军官。海合会武装部队在组织方面的协调统一已取得长足发展。半岛盾牌部队已成为海合会各国应对国内外挑战的重要力量。特别是在2010年以来的中东剧变中，正是由于半岛盾牌部队的出动，巴林才能度过政治危机。2011年3月，科威特海岸警卫队参加沙特阿拉伯主导的半岛盾牌部队，5月进入巴林。此举遭到科威特国内自由主义者的批评。

科威特还通过向海外派出维和部队和介入国际事务提升本国的影响力。2005年6月，根据联合国决议，科威特政府派出士兵参加联合国在苏丹南部的维和行动。2011年利比亚战争期间，科威特向反卡扎菲政府武装提供医药和物资，向利比亚"全国过渡委员会"提供5 000万美元的援助。

第五章　文化

第一节　语言文字

科威特的官方语言是阿拉伯语，英语是通用语言。阿拉伯语是阿拉伯民族的语言，也是伊斯兰教的宗教语言，是国际上重要的通用语言之一，主要使用于西亚和北非地区。

科威特人使用的阿拉伯语属于西亚地区方言，和北非地区的方言差别很大。

第二节　文学

诗歌是科威特文学最重要的形式，科威特的诗歌流派有新古典派、浪漫派、现代派以及自由体诗。新古典派的特点是承前启后；浪漫派的特点是在内容上表现自我、在形式上主张创新；现代派和自由体诗主张内容和形式上的进一步解放。他们的诗歌揭示了科威特进入石油时代以来面临的一系列新的家庭和社会问题。伊斯梅尔·法赫德的诗歌反映了作者的阿拉伯民族主义情结。

独立以前，科威特的现代诗歌就已经得到快速发展。这一时期，新古典派诗歌是科威特诗歌的主流，最著名的诗人是萨格尔·舍比卜和哈立德·法拉季。创新派诗人的代表是法赫德·阿斯凯尔。新诗——自由体诗兴起于20世纪50年代中期，主要代表是穆哈默德·

法伊兹和苏阿德·萨巴赫。

萨格尔·舍比卜1894年生于科威特的一个贫困家庭，父亲以采珠为业。萨格尔7岁时双目失明，后又失去双亲。在别人的资助下，他得以到阿拉伯半岛的哈萨地区接受教育，20岁时回国。他在年轻时就开始在报刊上发表文章大胆抨击人生和社会上的不平，他批评宗教人士的招摇撞骗，号召人民停止宗教纷争，追求共同的进步。他写诗歌颂1920年科威特抵抗沙特阿拉伯入侵的嘉赫拉战役。在晚年，萨格尔写诗关注科威特和阿拉伯人的解放事业。1963年，萨格尔逝世。

哈立德·法拉季生于1898年，小学毕业后到孟买为阿拉伯商人任文书，之后返回科威特。后在巴林的麦纳麦担任市政委员，通过政治和文学活动，进行反殖民斗争。他还在沙特阿拉伯担任政府官员。其诗歌主要抨击帝国主义和殖民主义，歌颂阿拉伯人的爱国斗争。1954年，哈立德在黎巴嫩过世。

法赫德·阿斯凯尔1910年生于科威特一个宗教家庭，父亲在海关任职。他从小接受很好的教育，酷爱文学。他因为主张进行摆脱旧传统的束缚而被周围的人孤立。他的诗歌主要表达诗人在自身思想与社会传统观念冲突时面临的孤独和痛愤。

科威特的诗歌在继承传统诗歌文学的基础上得到新的发展。科威特诗人能够通过文学创作把握社会发展的脉动，所创作的诗歌作品做到来自社会并服务于社会。诗人群体们以文学化的语言揭露社会的弊端，关注民间疾苦和生活百态，发表对政治的看法。

穆罕默德·法伊兹于1937年出生，是科威特著名的女诗人。她在年轻时在开罗大学文学院学习。其诗歌彰显地方色彩和海洋气息。苏阿德1942年出生于科威特统治家族萨巴赫家族，1973年毕业于开罗大学，后在英国获得博士学位。她的诗歌主要特点是通俗易懂但充满哲理，主要描述阿拉伯女性的心理。她的诗表达了阿拉伯地区（特别是海湾地区）女性群体受传统习俗束缚的痛苦，呼吁要求摆脱旧习俗对妇女的羁绊，让妇女在爱情和事业上获得自由和平等。她的诗歌还关注科威特和阿拉伯民族的利益和命运，显示出作者鲜明的爱国主义和阿拉伯民族主义的立场。

阿拉伯国家中的小说和中国的小说内涵不同。在阿拉伯国家，只有长篇小说才称为小说，短篇小说称为故事。科威特的现当代小说在

20世纪20年代到四五十年代得到初步发展。20世纪20年代，科威特出现短篇小说。20世纪四五十年代，科威特的作家主要是在埃及留学的科威特学生。这些留学生们多出生于富商家庭，接受过良好的教育。主要的作家有法赫德·杜瓦伊雷、法迪勒·海勒夫和法尔罕·拉希德·法尔罕。他们以文学创作的方式表达其改良主义思想，通过批判现实，揭露社会和家庭中的不合理现象，以期达到启蒙的目的。

独立后，科威特的小说进入大的发展期。这一时期主要的作家有苏莱曼·谢迪、苏莱曼·胡莱菲和伊斯梅尔·法赫德。苏莱曼·谢迪和苏莱曼·胡莱菲都在国外受过高等教育并在高校任职。受制于科威特地区人民崇尚诗歌的传统以及本地区文化教育的落后，现代小说在科威特的影响力有限。20世纪30年代到40年代，科威特的现代小说产生。当代科威特最著名的女作家是莱伊拉·奥斯曼。莱伊拉1945年出生于科威特的一个知识分子家庭，其父亲是一名诗人。她在中学毕业后开始发表诗文，1976年开始发表短篇小说。她具有现代女性的独立意识和社会责任感，对海湾地区阿拉伯国家特别是海湾地区的妇女在社会、生活各方面受压制的状态表示不满，呼吁尊重妇女权利，反对夫权思想和封建家长制。

20世纪70年代，科威特女作家也开始崭露头角。1971年法蒂玛·尤素夫·阿里创作了《人潮中的面孔》，1972年努里亚·萨达尼的两部作品《驱逐》和《横渡广场》问世，塔比亚·易卜拉欣于70年代末创作了两部小说《真相的阴影》和《春天的荆棘》。这一时期，女作家的作品占到小说数量的43%。这反映了科威特人思想的解放和社会的进步。20世纪80年代，以小说为代表的科威特文学得到继续发展。

1990年8月伊拉克的入侵以及后来的海湾战争对科威特文坛产生了重要影响。海湾战争前，科威特小说的一个重要主题是阿拉伯民族主义事业。战后，阿拉伯民族主义事业不再是科威特小说的重要主题。爱国主义成为科威特文学家们表达的主题，他们大力呼唤爱国主义精神。对伊拉克入侵战争的记录或写实成为科威特小说的主要内容，部分小说还有了悲剧气息。进入21世纪以来，科威特小说更多地表达对社会问题的关切。

当代科威特的文学先锋当属伊斯玛仪·法赫德·伊斯玛仪。1940

年，伊斯玛仪生于伊拉克的巴士拉市。他的母亲是伊拉克人，父亲是科威特人。1965年，他随父亲移居到科威特。他曾因政治原因被捕入狱。1979年，他获得科威特戏剧艺术高等学院文学和文艺批评学士学位。伊斯玛仪的人生经历丰富，他当过教师，还曾创业开过一家艺术公司。但他的影响力主要在小说创作方面。他被誉为科威特小说文学先锋。1989年，他获科威特国家促进奖。2014年，他获科威特国家荣誉奖。他从20世纪60年代开始进行文学创作。他先后出版过三部散文集、两部戏剧和多部文学评论集。从1970年开始，他先后完成《那时天蓝》《档案1967》《尼罗河三部曲》《风暴》《遥远的天空》《我生命中的不死鸟与挚友》《塞比利亚区》等20余部小说。其小说《我生命中的不死鸟与挚友》关注科威特社会中没有科威特国籍的群体的问题。该小说对科威特国内拥有科威特国籍者和没有科威特国籍的群体的生活条件和享受的各种权利与福利的差异进行了深入剖析，揭示了科威特无国籍者问题的复杂性和关注该问题的重要性。《塞比利亚区》曾于2017年入选阿拉伯小说布克奖名单。虽然没有获奖，但他因此部小说享誉整个阿拉伯世界。阿拉伯布克奖由阿拉伯联合酋长国阿布扎比酋长基金会出资，仿行英国布克奖的规程设立，并得到布克奖基金会的协助。18个阿拉伯国家的作家都有资格参与评选。伊斯玛仪通过文学创作关注社会问题。

当代科威特的知名文学家还有萨乌德·阿尔萨努西。他对科威特的社会问题十分关注，经常通过文学创作引发人们对科威特社会问题的关注。2013年4月23日，他创作的小说《竹竿》赢得阿拉伯小说布克奖，并以此成为阿拉伯世界最年轻的获奖者。该小说的主人公名叫伊沙，是一个在科威特打工的菲律宾女佣与一个科威特男人所生的儿子。他在外祖母家长大后，动身去海湾石油富国科威特寻梦，却发现这地方根本不是人家所说的天堂，而是一个充满了偏见、顽固排斥科威特菲佣后代的冷酷社会。评委会主席、埃及作家贾拉尔·阿明说："所有评委都认同这部小说优秀的质量，不仅艺术上如此，其内容上的社会意义和人道主义同样如此。"

第三节　艺术

戏剧表演艺术是科威特主要的文化形式，拥有很好的群众基础。科威特的戏剧表演艺术在海湾国家中发展较好，在阿拉伯国家中也有较大的影响力。在国家的支持下，科威特剧团经常在国内外举办的戏剧艺术节上获奖。在第一届巴格达电影节上，科威特戏剧《苦瓜的旅行》获奖。1973 年，科威特戏剧艺术学院成立，成为培养科威特艺术人才的摇篮。目前，科威特拥有包括海湾剧院、阿拉伯剧院、人民剧院和科威特剧院等在内的知名剧院。

造型艺术和雕塑艺术是科威特重要的艺术形式。独立前的 1959年，科威特的造型艺术就开始起步。科威特政府机构对造型艺术的发展给予了很多支持，主要的支持部门有科威特新闻部和全国文化、艺术、文学委员会。科威特拥有一定数量的造型艺术家，他们主张通过国际化提高本国造型艺术的影响力和水平。他们经常参加国际展览，并将自己的艺术作品在国外进行展览。科威特雕塑艺术的发展开始于1963 年，但是发展规模一直很有限，长期从业人数低于 10 人。21 世纪以来，科威特雕塑界出现兴旺景象。

科威特民间艺术是对传统历史上贝都因艺术的继承和发展。在科威特历史上，人们用羊毛编织各种"萨都织锦"，如帐篷、地毯、挂毯和骆驼袋等。妇女使用沙漠植物作染料给这些手工艺品染色。1984年，作为文化慈善机构的"萨都织锦"创立构建，该机构的创建目标是保护科威特传统的手工艺品。该组织为对"萨都织锦"感兴趣的人士提供相关方面的培训课，为参观学生授课使他们了解科威特的传统文化和遗产。

科威特的贝都因艺术还包括"阿尔达"剑舞。"阿尔达"剑舞将舞剑、鼓乐等结合，讲究舞剑速度与大小鼓节奏的有机结合。"阿尔达"剑舞已经成为科威特节庆和假日活动的必备项目。

第六章　社会

第一节　　人口与民族

历史上，科威特长期人口稀少，境内的石油资源被发现前，人口增长一直很缓慢。1935年石油产业起步以后，科威特人口快速增加。

科威特中央统计局倾向于下面的估计：1910年时科威特的人口为35 000人；1910—1935年，科威特的人口增长一直非常缓慢；1935年发现石油后，人口增长速度突然加快；到第二次世界大战前，科威特人口已增至7.5万人；到20世纪50年代初，科威特的人口达到10万人。1957年，科威特进行了历史上第一次人口普查。数据显示，其人口达到20.6万人。1980年，科威特的人口为135.795 2万；1985年，科威特的人口达到169.730 1万，其中拥有科威特国籍的人口为47.047 3万人，外籍侨民人数为122.682 8万人；到1998年，科威特的人口达到223.68万人，其中拥有科威特国籍的为76.58万人，外籍侨民为147.1万人；到2005年年底，科威特的常住人口接近300万，其中科威特籍人口为99.2万人；到2016年，科威特的常住人口达到396.5万人，其中科威特籍人口为124.3万人，仅占人口总数的31.3%。根据科威特《消息报》2016年5月的报道，科威特境内有合法居留身份的外国人共有260万，其中印度人88万，埃及人58万，菲律宾人23万，孟加拉人19万，叙利亚人15万，伊朗人15万。

科威特人口快速增长的原因主要是外来劳工数量的增长。科威特本国人口少，受传统文化影响，科威特人不愿从事体力劳动，油气产业的发展需要大批劳动力，科威特政府只能大量吸纳外国劳动力来本国工作。

　　科威特本国人是阿拉伯民族。阿拉伯民族是古代闪族的一个主要分支，属欧罗巴人种的地中海类型。但同时，科威特国内又有来自世界不同国家和地区的属于其他民族的外籍劳工。外籍劳工多为来自中东地区阿拉伯国家的阿拉伯人和来自东非、东南亚地区的非阿拉伯人以及来自欧美地区的高端技术人才。外籍劳工的大量涌入也造成科威特常住人口的多元化。

第二节　　宗教及传统风俗

　　伊斯兰教是科威特的国教。依据科威特宪法规定，"伊斯兰教为国教，伊斯兰教法是立法的主要依据""信仰绝对自由，国家保护宗教信仰自由，只要它不违背社会秩序和伦理道德"。科威特本国国民几乎全部信仰伊斯兰教，其中逊尼派穆斯林占穆斯林总数的70%，什叶派穆斯林占穆斯林总数的30%。外籍劳工中有少数天主教徒。

　　科威特作为伊斯兰国家，其社会生活受到伊斯兰教的广泛影响。伊斯兰教法是社会、民事等领域的主要规范。科威特允许非穆斯林群体改信伊斯兰教，但是不允许穆斯林改信别的宗教，如果发生则以叛教论处。在科威特，清真寺遍布全国，风格各异，是国民进行宗教相关活动的主要场所。

　　科威特国民热情好客，待人诚实。科威特人传统的做客场所为"迪瓦尼耶"，在过去只有大户人家才有。迪瓦尼耶现在已经发展成为居民集会演说、解决纠纷和交流的地方。

　　迪瓦尼耶在科威特社会政治中扮演重要角色，它具有性别隔离的特征。在传统科威特社会，迪瓦尼耶是科威特家庭住宅中一处隐蔽的处所，是专属于男性的，不允许妇女进入。在今天的科威特，迪瓦尼耶仍然主要由男性参与。

　　按照传统和非传统来划分，迪瓦尼耶可以分为传统迪瓦尼耶和其他类型。传统迪瓦尼耶是指科威特家庭内部用于男性交流的私密场所。除传统迪瓦尼耶外，科威特还有国会议员迪瓦尼耶、社区迪瓦尼耶、家族迪瓦尼耶、服务于宗教活动和讲座的宗教迪瓦尼耶、服务于政治活动和讲座的政治迪瓦尼耶、服务于教育活动和讲座的教育迪瓦尼耶、由教师群体组成的教育迪瓦尼耶、服务于节日斋月等社会活动的社会迪瓦尼耶、由造船商等团体组成的专业迪瓦尼耶、公民迪瓦尼耶、由留学生假期间活动形成的境外迪瓦尼耶以及男性和女性都可以参与活动的混合型迪瓦尼耶。按照参与者年龄来划分，可将迪瓦尼耶分为青年迪瓦尼耶和老年迪瓦尼耶两类。按照从事活动的不同，迪瓦尼耶还可以划分为涉及扑克牌等游戏的娱乐类迪瓦尼耶和涉及意见讨论的思想类迪瓦尼耶。迪瓦尼耶在今天科威特人的政治社会和家庭生活中仍然扮演着重要角色。

科威特最主要的习俗是斋月。斋月是伊斯兰历第九个月，在伊斯兰教中具有神圣的位置，是伟大、喜庆、吉祥和尊贵的月份。斋月二十七日夜晚为伊斯兰教的"卡德尔之夜"。据说，在这一夜晚真主安拉始降《古兰经》给世人。在斋月中，已成年且身体健康的科威特人全月封斋，从日出到日落禁止饮食、抽烟等活动。斋月期间，科威特人的主要活动包括击鼓报晓、唱儿歌"基尔吉安"、告别斋月仪式、祝贺走访和过开斋节。

科威特人在婚姻习俗方面受传统影响大，由父母安排成婚较为普遍，媒婆说亲在科威特盛行，而自由恋爱在科威特很少，主要出现在高学历人士中。

官方规定星期五为每周休息日。从1994年起，科威特实行双休日制，即每个星期五和星期六休息，机关、学校每天工作6小时。科威特大学，公办、私办学校，一些大的公司如科威特石油公司，早已实行八小时工作制，以及每周双休日制。官方法定节假日：1月1日（元旦）、2月25日（国庆节）。宗教节假日随伊斯兰教历而变动。主要的宗教节日有先知穆罕默德的诞辰（伊斯兰历三月十二日）、登霄节（伊斯兰历七月二十七日）、伊斯兰历新年（伊斯兰历一月一日）、开斋节（伊斯兰历十月一日）和宰牲节（伊斯兰历十二月十日）。

第三节　社会结构的变化

传统科威特的社会结构由以萨巴赫家族为代表的统治家族，与统治阶层有联系的商人阶层，从事采集、渔业和造船的下层民众组成。而游牧民在科威特的社会生活中处于次要的地位。

当代科威特社会呈现出明显的多元特征，其居民主要由历史上来自阿拉伯半岛内志地区和两河流域的阿拉伯部落、阿以冲突以后来自巴勒斯坦的难民、移民群体和来自其他国家的各层级外籍劳工组成。科威特籍居民的地位明显高于非科威特籍人。

在科威特居民中，按照部落家族的不同又可以分为不同的等级。在科威特社会中居于最上层的是统治家族萨巴赫家族所在的最早移居科威特的来自内志地区的阿奈扎部落以及同样来自内志地区的巴哈尔、哈马德和巴比坦部落；第二层是来自两河流域南部的卡纳阿特部落、穆塔瓦部落以及来自伊朗胡齐斯坦的阿拉伯人；第三层是"新科威特人"，新科威特人中只有少数获得科威特国籍，其他都是无国籍的贝都因人；最底层的是"毕敦尼"，即无国籍的人。

科威特国内的外籍劳工和科威特人相比地位又差很多。外籍劳工主要从事体力劳动，而科威特人多在政府、国企和事业单位中上班，生活和工作非常体面。

按照掌握权力和财富的不同，现代科威特人分为特权阶层、富裕阶层、中产阶层和平民阶层四个等级。特权阶层是统治家族萨巴赫家族成员，他们垄断国家的政治、经济和军事权力，在各个方面享有特权和优惠待遇，特别是可以利用权力使家族成员逃避法律的惩罚；富裕阶层主要包括家产上亿的大工商业主；中产阶层主要包括政府事业单位、国企的工作人员；平民阶层包括其他科威特人。高收入和高福利使科威特人中没有穷人，但科威特社会的贫富分化仍在逐渐加剧。

历史上，科威特社会是部落社会和商业社会的结合。科威特是东西方贸易交往的重要通道，过去商业在科威特的经济中占据重要位置。长期与外部的交往使科威特与阿拉伯半岛内地相比，社会比较开放，人们更容易接纳外部事物。在传统的阿拉伯部落社会中，各部落内部的关系比较和睦，民风淳朴，热情好客，往往以协商的方式解决社会冲突和争端，社会比较有秩序。这些对独立以后的科威特产生重要影响。

　　科威特相对于沙特阿拉伯来说社会相对开放。民众诚实好客、乐于助人，邻里和睦相处，社会安定有序。国民崇尚敬老爱幼，国家设有特殊的"敬老院"，供养那些在科威特独立前后做出过贡献、在社会各界有名望和有身份的科威特人，每逢重大节假日，埃米尔和其他领导人都要亲自前去看望。政府对国民实行高福利政策，民众无论在物质还是精神层面上的生活都得到很好的保障。科威特社会总体上比较稳定。2010年中东剧变以来，政府通过发放福利安抚民众，保障了社会的稳定。1975年，科威特人均收入为1.25万美元，居世界首位；1980年为2.284万美元；到2012年，科威特的人均收入达到4.7982万美元，长期处于高收入国家行列；2014年，科威特的家庭年均月收入达到1.0818万美元，如果算上政府的补贴，科威特国民的年人均收入达到13.7722万美元，是当年世界平均水平的5倍。

第四节　国民的社会生活

一、社会的变化

　　科威特社会的最大特点在于其多元性，历史上东西方各种文明都在科威特留下自身的印迹。阿拉伯伊斯兰文化成为科威特的主导文化。但科威特在中东地区很早就与西方文明接触，受西方文化的影响。与阿拉伯半岛的内志地区相比，科威特社会的开放度更高。石油工业发展后科威特的外籍劳工数量大量增加，已经占据科威特常住人口的三分之二。科威特社会呈现出包容性和多元性的特征。

　　传统的科威特社会中，除科威特城之外，其他地区长期处于部落社会，游牧是其生活的主调。科威特城因为与外界的频繁接触呈现出东西交融、传统与现代并存的多元社会生活情境。这种多元性表现在常住居民的多样性、建筑风格和装饰的混合性、日常生活的丰富性。科威特的常住居民除科威特本国公民外，还有来自中东地区阿拉伯国家的阿拉伯人和来自东非、东南亚地区的非阿拉伯人以及来自欧美地区的高端技术人才。在科威特，除了能够听到常用语英语和阿拉伯语，还有波斯语、乌尔都语等其他语言。

伴随着石油工业的发展，现代风格的建筑遍布科威特的城市，但在科威特的机关、企业和家庭中随处可见以古代商船为模型的工艺品。科威特的贝都因人还保持着原来的生活面貌，游牧生活、编制手工艺品、跳阿尔达剑舞。但是同时，首都科威特城的居民很多已经过上了西式的生活。

科威特人的穿着也由简单到复杂。历史上，科威特妇女的着装十分简单。石油工业发展以后，女装变得丰富多彩，妇女在不同场合、不同季节都有不同的服装。在晚宴、婚礼等正式场合，妇女的穿着打扮更加绚丽，佩戴大量的金银首饰。

独立后，科威特政府修建的一系列公共服务场所，如博物馆、科学馆、天文馆，以及私人修建的博物馆等，丰富了国民的生活。

❀ 二、高福利社会的形成与改革

历史上，科威特主要依靠农牧业、渔业、采珠业和经商，长期处于传统社会，发展水平有限。独立以前，英国在科威特实行间接统治，将重点放到对科威特外交的控制上，很少干预科威特的内部事务，科威特的经济社会进步相对有限。石油资源大规模开发以后，旧的国际政治经济秩序使科威特获得收入分成有限，限制了政府在社会领域的投资。

独立以来，科威特迅速从传统社会步入高福利社会。科威特步入高福利社会得益于其国家丰富的石油资源的发现和大规模开发，由于国家能够完全掌控石油经济，通过石油开发和出口，政府积累了巨额财富。政府将大量的财富投入到国民生活改善和社会事业中去，在科威特形成高福利社会。科威特的社会福利事业由劳工与社会事务部负责，其主要目标是建立一个人人机会均等、友好和睦和安全的社会，不断提高人民群众的生活水平，向贫困者提供安全可靠的生活保障。

科威特高福利社会开始于第一任埃米尔阿卜杜拉·萨利姆·萨巴赫在位时期，萨巴赫重视国家收入在国民中的分配，重视与国民生活相关的科学、教育、文化、卫生等社会公共事业的发展。20世纪六七十年代，科威特石油收入的快速增长为高福利社会的建设和推进提供了坚实的基础。虽然经济经常受到国际油价波动的影响，但是科威特政府到目前为止很好地维持了高福利社会的发展。

科威特的高福利社会与其他国家相比更具特点。作为中东产油国，科威特本国居民的收入处于高水平，其收入已经可以满足其过上中等以上水平的生活。在科威特，由于本国劳动力缺乏，本国人基本上都能找到高收入、体面的工作，而且可以选择自己喜爱的职业，工作舒适。除了高收入外，科威特在教育、医疗、住房、养老保险和日常补贴方面都给民众提供高福利。

科威特对拥有科威特籍的居民实施免费教育，科威特人从学前教育到高等教育的所有阶段都不交学费，政府还在学习用品、学生伙食、交通费用、校服等方面实行免费政策，并给予一定的日常花费补助。国家对于公派出国留学的学生一律提供学费以及丰厚的津贴。20世纪80年代开始，油价下降导致科威特财政收入减少。政府从1983年开始取消免费提供给学生的校服和午餐。

在医疗方面，科威特为所有居民提供免费医疗。居民在住院期间产生的医疗费、药费和饮食费都由政府支出。需要出国治疗的病人由医生出具证明并经卫生部门批准可以到境外接受治疗，病人在国外的医疗食宿费和交通开支均由政府负责，政府还报销一名陪同家属的食宿和交通开支。从1983年开始，科威特对居住在科威特的外籍人士开始收取部分医疗费用。海湾战争之后，国家财政出现紧张局面，政府从1996年起取消全面的免费医疗服务，国民住院要收取一定的费用。

科威特政府非常关心居民的住房福利问题，认为向公民提供必要的住房是社会的需要，认为住房问题直接反映了居民的生活水平。政府有专门的部门负责住房工作。1974年，科威特成立国家住房总局，统一规划居民的住房发展工作。科威特政府保证国民人人有房住，政府高价收购私人地产，然后利用这些土地建造新住房。政府特别照顾低收入群体，给他们提供住房。政府为他们建造的主要是一层平房或者两层楼房，这些住房户型宽大，一般为7居室，另外还有厨房、浴室和车库。居民只需象征性地缴纳约占收入的2.5%~3%的房租，居住十年后房产即归居民所有，或者政府以分期付款的优惠价格卖给住户，在缴纳一定数额后产权就给住户。对于中等收入群体，政府为他们提供长期无息贷款用于建房或购房，贷款额为2.5万科威特第纳尔，期限为四十年。海湾战争以后，科威特籍居民的住房问题基本上得到解决，科威特的财政因为海湾战争出现紧张局面，政府开始对原来的住房政策进行调整，国家不再对居民的住房问题大加包揽。从1995年到1999年，政府投资修建住房，优先照顾中低收入家庭，同时政府还鼓励私人企业投资建房。对于没有独立住房的家庭，政府提供租金补贴，让其租住合适的住房；政府还提供优惠条件鼓励私人建房，主要包括以优惠的价格向私人出售统一规划的住房用地、建筑材料等。

科威特政府重视残疾人的福利。政府设有专门的部门为残疾人提供教育、医疗护理和职业培训，安排合适的工作。残疾人的教育培训工作由教育部负责，医疗护理工作由卫生部负责。

科威特人在养老保险方面的压力也比较小。科威特的养老保险由单位、个人和政府共同承担。单位缴纳的金额为员工工资的10%，个人缴纳部分为其工资的5%，其余部分由政府承担。居民的缴纳年限一般为15—20年，之后即可领取养老保险金。政府还根据物价上涨情况定期调整养老金政策。

科威特对于科威特籍公民在就业收入方面给予充分保障，保障本国居民的高收入水平。科威特籍居民参加工作后都能拿到很高的基本工资，再加上单位发放的丰厚津贴和加薪，科威特人基本没有什么家庭负担。在日常生活方面，政府长期实行价格补贴政策，国内的物价长期保持稳定。海湾战争以后，政府开支猛增，财政出现赤字，物价有所上涨。20世纪90年代中期以后，随着石油出口收入和国外投资收入的增加，物价逐渐趋于稳定，通货膨胀率下降。

科威特普通国民的生活一直保持在高水平上。政府对民众的补贴涵盖了水、电、燃料、房租等项目，政府还为低收入者发放困难救济金。此外，科威特人还可得到名目众多的补贴，如结婚补贴、子女补贴、社会津贴和工龄补贴等。凡新婚的科威特公民，国家给予2 000科威特第纳尔（约合7 000美元）的新婚补贴，其中1 000科威特第纳尔为赠予，1 000科威特第纳尔为分期付款，但实际执行中无人偿还。政府对新生儿的补贴年限为18年，从出生到年满18周岁为止。国家向每个儿童每月发50科威特第纳尔的补贴。这项补贴政策对于那些工资收入少、子女多的家庭来说，意味着他们可以拿到与那些工资收入多而子女少的家庭所得相当的收入。科威特的社会津贴以各自的工资为基数，每个人得到的社会津贴是不同的：担任领导职务者的社会津贴为其基数的54%～100%，在企业、事业单位就业者的社会津贴为其基数的100%～153%，辅助性技工类就业者的社会津贴为其基数的95%～155%。社会津贴的百分比和工资的高低呈反比，即工资越低，社会补贴越高。对低工资收入者来说，视每人工资情况的不同，百分比在120%～176%浮动。科威特人在工作满一年后开始收到工龄补贴。但从2017年开始，科威特政府取消水电补贴。

对于汽油补贴，科威特国民中，最穷的20%的补贴占其收入的133%，次贫的20%的补贴占其收入的87%，中等收入的20%的补贴占其收入的43%，次富的20%的补贴占其收入的21%，最富的20%群体的补贴占其收入的11%。从1982年起，科威特政府减少汽油补贴。2016年9月起，科威特政府宣布把汽油价格提高73%。

科威特的社会保障事业在国家独立前就已开始。自1955年1月1日起，科威特实行退休制度；1960年颁布退休法；1976年10月，颁布了完整的社会保险法，并成立了社会保险总局；1977年10月，开始为政府工作人员，国有企事业单位、社会团体、私营企业的职工缴纳年老、伤残、生病、死亡保险；1986年起，受雇于他人的非正式雇员享受年老、伤残、生病、死亡强制性保险。目前科威特实现社会保险制度的全覆盖。所有劳动者不论从事什么职业都享受优厚、宽松的社会保险，科威特还以法律的方式保障社会保险金的发放。科威特对不同的群体采取不同的退休金发放标准。对于工龄满15年的人，非军人群体可享受不低于工资65%的养老金，军人享受不低于工资75%的养老金；工龄满30年的非军人群体可享受工资95%的养老金，工龄满27.5年的军人群体可享受工资100%的养老金；对于死亡、伤残和丧失劳动能力的人，其家属或本人可领取工资95%的养老金，军人可领取工资100%的养老金。科威特的社会保障政策体现了对军人和弱势群体（如妇女和伤残者）的照顾。

科威特政府对国民退休的宽松规定虽然使科威特人享受到良好的生活福利，但是也造成严重的后果。很多教师、医生、工程师和其他专业人员在40岁以前就选择退休，导致国内高素质人才的缺乏更加严重。从2000年开始，政府逐渐将男性的最低退休年龄从原来的45岁提高到55岁，女性的退休年龄从原来的40岁提高到50岁。

❧ 三、科威特主要的社会团体

科威特的社会团体数量多，在社会生活中发挥了重要的作用。科威特政府对有助于国家社会和政治进步的社会团体给予支持，并在财政上提供充分帮助。

据科威特统计局2013年发布的统计数据，截至2011年年底，全国共有各种社会团体169个，其中工会、协会、群众团体81个，公益慈善组织10个，社会福利机构78个。

科威特石油工会成立于1964年，是科威特最大的工会组织，成员有万余人（含外籍职工）。石油工会自身财力雄厚，在石化工人中有较高的威信，有一定的组织和动员能力。20世纪七八十年代，曾就维护自身权益、声援和支持阿拉伯世界和国际上的正义事业，发表过宣言、声明，举行过游行示威。

科威特足球、手球、赛马、游艇等俱乐部是科威特国内重要的群众团体。足球、手球、赛马和游艇在科威特属于大众运动项目，深受民众喜爱，拥有广泛的群众基础。该组织会员众多，在民众中有较大的影响力和号召力，得到政府的重点赞助。俱乐部隶属于科威特奥林匹克委员会，但有很大的自主权，除参加国际比赛外，其他一切事务由俱乐部决定。

科威特新闻工作者协会成立于20世纪80年代初，由科威特媒体和报刊界的人士组成。该组织批评政府对新闻的限制和审查措施，进入21世纪以来仍然在科威特活动。

科威特境内的主要妇女组织包括科威特妇女社会文化协会、家庭复兴协会、科威特妇女联合会和女子俱乐部。

第五节　外籍劳工和移民问题

科威特经济发展严重依赖外国劳工。1997年，科威特共有121万劳动力，其中外籍劳工占83.7%；技术工人中外籍劳工的占比更是达到

92%；工程师和工程技术人员中，外籍劳工占到81%和66%。2011年，科威特人口达到3 632 009人，其中本国人为1 164 448人，占总人口的32%；外籍人士为2 467 561人，占总人口的68%；科威特籍劳动力有290 596人，外籍劳工为1 837 700人。

科威特独立前，因石油工业的发展，外国石油公司开始大规模地从科威特境外招募劳工。主要的招募地包括叙利亚、黎巴嫩、印度和巴基斯坦。科威特独立后，政府和企业更多地从阿拉伯国家引进劳工。巴勒斯坦、埃及和约旦成为主要的外籍劳工来源国。科威特政府对阿拉伯移民的到来基本上不限制。除了阿拉伯国家之外，还有大量移民来自伊朗和印度。移民的大量到来给科威特的教育、医疗和住房工作带来巨大的压力，境内的治安问题也逐渐增多。但是石油工业发展带来的巨额收入使科威特政府在20世纪80年代以前并没有对劳工移民的到来进行限制。20世纪80年代后，国际油价下跌，科威特的石油收入大减。政府开始缩减外国劳工的数量，但是没有取得明显的成效。海湾战争后，科威特政府因为政治等原因开始驱逐阿拉伯国家移民，并用亚洲劳工来替代。新劳工移民主要来自印度、巴基斯坦、斯里兰卡、菲律宾、泰国、印度尼西亚和韩国等国。

外籍劳工在科威特获得的收入与其在本国相比较为丰厚，但是与科威特籍人相比又存在较大的差距。他们不能享受同等的福利待遇，只能从事体力劳动和科威特人不愿意从事的服务行业。

外籍劳工在法律方面不能与科威特人享受平等的待遇。当外籍劳工和科威特人发生法律纠纷时，科威特法院以维护科威特本国人利益为准。在日常生活中，外籍劳工如果有吵架、酗酒、斗殴、偷窃等行为，将被解聘和遣返。外籍劳工及其配偶不论国别、表现程度都很难获得科威特国籍。科威特政府在执行国籍劳工标准时大打折扣，外国劳工难以获得公正待遇。科威特政府的做法受到各国和国际组织的批评。

2008年5月，1 000名孟加拉国清洁工抗议科威特雇主不履行合同规定的义务，他们要求提高工资待遇，改善工作环境。科威特当地警察将他们全部逮捕并驱逐出境。科威特政府宣布任何组织和参与罢工的外籍劳工都将被驱逐出境。美国将科威特外籍劳工的生活状况列入"最差类"。科威特政府被迫做出改善外籍劳工待遇的政策。如在2008

年规定最低工资为140美元，到2010年将最低工资提高到210美元。2009年，科威特议会通过决议要求私营公司给予工人年假、最低工资等权利，对虐待劳工和贩卖工作签证的雇主判处十五年监禁。但是受制于科威特对待外籍劳工独特的担保制度，科威特的外籍劳工中从事家政工作的人的境遇没有发生任何改变，科威特雇主虐待和驱逐家政人员的事件经常发生。在担保人制度下，外籍劳工想在科威特工作必须在当地找一名担保人，担保人和外籍劳工之间是一种绝对非对称关系，担保人和外籍劳工之间形成雇佣关系。科威特雇主拥有对包括女佣在内的外籍雇工的绝对权利，他们往往不尊重雇工的合法权益，可以随意辞退和虐待雇工。科威特的担保制度遭到国际社会的广泛批评。2010年9月，科威特政府承诺在2011年2月废除担保制度，实行新的外籍劳工雇佣制度，但是实际上没有执行。2014年，科威特人权组织呼吁科威特政府尽快取消担保人制度，但是同样没有得到科威特政府的积极回应。2016年，联合国人口贩卖问题特别调查员玛利亚·格拉齐亚在联合国人权事务高级专员办事处发布新闻，她肯定科威特政府在打击人口贩卖工作中取得的成就，但也督促科威特政府采取有效措施打击贩卖、虐待国内家政人员的行为，保障家政人员的合法权利。在她看来，科威特国内从事非正式工作的难民、政治庇护者和无国籍人士面临着被贩卖和虐待的严重风险。根据国际劳工组织发布的报告，家政人员是全球劳动力中非正式就业群体的重要组成部分，是最弱势的工人群体之一。

贝都因问题是科威特国内存在的重大政治和社会问题。贝都因人主要包括两部分：一部分是原居住在科威特的贝都因牧民，他们已完全融入科威特社会；另一部分是20世纪30—60年代来自伊拉克、约旦和沙特阿拉伯等国的牧民，还有的是伊拉克占领期间来自伊拉克的定居者。海湾战争后，科威特将大量来自伊拉克的人遣返回国，来自巴勒斯坦和约旦的人也被大量遣返回国。科威特国内的贝都因人长期难以获得平等的权利，因为科威特对入籍问题严格把关。贝都因人经常举行对政府的抗议活动。科威特政府因此被迫做出让步，允许一部分贝都因人入籍或者向贝都因人发放身份证。联合国相关人权部门也敦促科威特政府解决贝都因人的国籍问题。中东剧变以后，贝都因人群体借势争取自身权利，但科威特政府对贝都因人的抗议活动采取强力镇压政策。2012年，科威特政府禁止贝都因人进行集会和举行抗议活动。贝都因人问题将长期困扰科威特。

第六节　　开明宗教政策与社会稳定

　　与其他海湾君主国相比，科威特在宗教政策上相对开明。科威特国民中，穆斯林是绝对主体，其中什叶派穆斯林占穆斯林总数的30%，属于宗教少数派。科威特什叶派的处境和地位明显好于其他海湾君主国。什叶派在科威特国内没有遭受过政府的迫害，在经济和社会活动中的地位明显高于海湾地区其他国家的什叶派穆斯林。科威特什叶派穆斯林对国家的认同感和归属感较强，没有爆发过大规模的政治运动。这主要得益于科威特政府相对开明的宗教政策。

　　科威特相对开明的宗教政策的形成与科威特的政治传统和历史有很大的关系。历史上，科威特的各个阿拉伯部落（不论什叶派还是逊尼派）之间不存在征服与被征服的关系，各派都认同政治协商的原则。萨巴赫家族在科威特统治地位的确立实际上是包括什叶派家族在内的各家族协商的结果。萨巴赫家族统治的稳固很大程度上也得益于什叶派和逊尼派之间的合作。

　　什叶派穆斯林在科威特可以担任政府高官，参与议会选举。普通的什叶派人士多在政府公共部门上班或者经商。什叶派穆斯林在宗教信仰上相对自由，可以自由修建清真寺，到伊拉克和伊朗学习宗教知识。但是什叶派穆斯林仍然受到一定的歧视，如很难进入政府的重要部门任职，什叶派的社会福利组织难以获得政府的赞助。什叶派也遭受一定的限制，一些宗教仪式被禁止。

　　在科威特的政治生活中，早期什叶派与萨巴赫家族合作共同应对议会中的逊尼派反对派的挑战，什叶派穆斯林参与议会选举的并不多。在受复兴党政权压制而流亡到科威特的伊拉克什叶派活动和伊朗伊斯兰革命的影响，科威特境内少数什叶派在20世纪80年代采取暴力方式进行斗争，但是大多数科威特什叶派反对暴力活动。科威特政府对什叶派进行了压制，但是手段温和。在海湾危机期间，科威特什叶派穆斯林大多留在国内并进行抵抗伊拉克占领的斗争，战后科威特什叶派和逊尼派加强了彼此间的团结，什叶派的政治参与得到科威特各界的一致认可。进入21世纪以来，什叶派坚持和政府站在一起对抗逊尼派反对派。2010年中东剧变以来，科威特什叶派很少参加反政府的示威游行活动。什叶派在科威特议会中的地位提高，成为萨巴赫家族的坚定支持者。对于什叶派的支持，政府也给予积极回应，2004年，政府在宗教基金部下成立专门的什叶派管理处。科威特电视台也开始允许播放阿舒拉节的节目。2010年以后，政府为过阿舒拉节的什叶派穆斯林提供医疗救治服务，科威特大学为了照顾过阿舒拉节的学生，选择推迟考试。2013年，科威特政府严惩挑起教派冲突的民众。

　　历史悠久的协商政治传统、自由的社会、商业文化的熏陶、开明的现代君主政体使科威特实行较为开明的宗教政策。科威特政府能够较好地做到不以教派的不同而差别对待不同群体。科威特政府对待教派的政策依据的是其对政府的忠诚而非宗教信仰派别的不同，这对于保障少数派别的利益是有益的。科威特什叶派因为长期支持政府而获得高于其他海湾君主国中什叶派的政治地位。但是科威特政府在团结什叶派对抗逊尼派反对派的同时，也不会无限制提升什叶派的地位，因为那样会招致逊尼派保守势力的抨击。沙特阿拉伯瓦哈比主义的传播、伊拉克国内什叶派的得势、伊朗与科威特什叶派之间的关系会引发科威特国内逊尼派的猜忌，但是暂时没有引发教派冲突。2015年6月，科威特一座什叶派清真寺内发生自杀式恐怖袭击。该事件并没有引发逊尼派和什叶派的冲突。从总体上来看，科威特的教派关系在海湾地区国家中是相对和谐稳定的，这对于科威特国家和社会的稳定是大有裨益的。

第七节　科教文卫

❀ 一、科学事业起步与发展

　　科技的发展依赖于教育的发展。科威特独立前教育落后，科技的发展更是无从谈起。独立后，科威特的科技事业才开始起步。1967年，科威特科学院成立。该机构为独立的法人单位，由一位内阁大臣负责。科威特科学院进行的科学研究偏重于应用技术方面，设有环境地球研究所、工程技术研究所、石油与石化研究所、粮食与农业研究所和经济技术研究所等5个研究所，以及中央分析室、国家科学技术信息中心、数据资料室、工艺车间和培训部等辅助单位，在工业、能源、自然资源和食品等领域开展相关的技术研发工作。环境地球研究所主要负责自然资源、环保、水利和地质勘探等方面的研究工作；工程技术研究所的主要研究对象是非石油资源、电子和建筑工程；石油与石化研究所进行石油工业、化工材料和防腐蚀方面的研究；粮食与农业研究所的研究领域主要是食品保障、渔业、农业和园艺业；经济技术研究所主要负责能源、经济、技术经济和工程系统方面的研究。

1976年12月，科威特政府成立科威特科学进步基金会，该基金会属于公共事业单位，实行董事会负责制。董事会由1位主席和6名董事组成。主席由埃米尔担任，6名董事由科威特的参股公司推选，任期三年。每个参股公司以年利润的5%资助基金会。基金会支持的主要领域包括科威特基础科学与应用科学的研究、投资开发项目的研究，基金会支持科威特和其他阿拉伯国家的教育和社会事业，帮助科威特公民提升素质，支持科威特的国际科学交流，促进科威特两代人之间的团结。

科威特政府为鼓励本国科研人员投身科学研究，在自然科学和应用技术研发领域设置多项大奖，主要奖项有科威特奖、伊斯兰医学奖、农业奖、最佳科研奖、科技成果奖等。科威特的人文社会科学方面的研究工作主要由中央银行，石油部，国家投资局，科威特大学和一些私人开办的经贸、金融咨询机构承担。

但是，总体而言，科威特政府对科研的投入有限，这是阿拉伯国家的共同特点。科威特政府对科研的投入额低于国内生产总值的1%，投资额位列全球第101位。

❧ 二、教育事业的发展

科威特科教文卫事业的发展得益于本国丰厚的石油收入，也得益于政府对这些方面工作的重视。教育是立国之本，在科威特的国家发展中居于优先地位。科威特的现代教育起步于19世纪末期，1877年，科威特历史上第一所学校创建，主要是为了教授阿拉伯语。之后，科威特先后创办多所学校，男女都有入学机会。这一时期的教育都是私塾教育。1912年，科威特的公办教育开始起步，这一年"穆巴拉克学校"成立。1936年，科威特成立专门管理国家教育事业的机构——科威特教育委员会，教育事业被纳入政府的管理中。为了提升本国国民的教育水平，科威特还在这一年聘请外国教师来国内工作。国内最重要的两所学校穆巴拉克学校和艾哈迈德学校开始实施正规教育，采用正规的教学大纲。但在独立前，科威特的教育很落后，难以培养师资力量，只能依靠从其他阿拉伯国家引进普通教育阶段的教师。依靠外国师资的情况一直持续到20世纪70年代末。

科威特政府重视教育的地位和作用，科威特政府想通过发展教育提升国民的整体素质，弥补数量上的不足。科威特每年将大量的财政收入投入到教育上，对教育的投入一直超过国家财政开支的10%，海湾战争以前甚至达到15%~20%。20世纪80年代，随着本国教育的发展，大量本国高校毕业的学生特别是女性学生相继投入到教育领域，科威特的师资逐渐实现本土化。1988年，科威特政府成立高等教育部，负责大学的管理工作。

科威特在独立后逐渐建立起包括基础教育、高等教育、师范教育和职业技术教育在内的完整教育体系。科威特的教育发展取得明显的成就。科威特的教育体制的一个重要特点是将教育分为普通教育阶段和大学教育阶段，前者涵盖从学前教育到高中阶段的教育。科威特的学校分为公立学校和私立学校两种。最主要的高校是科威特大学，其已成为科威特培养高级人才的最重要高校。科威特大学成立于1966年。成立之初规模很小，只有31名教师和418名学生，设有文学院、理学院和女子学院三个教学单位，课程设置模仿埃及的大学课程设置。1975年，科威特大学学习美国的教育体制实行学分制。随着科威特经济的快速发展，学校规模不断扩大，实力也逐渐增强。20世纪80年代以来，专业数量开始大量增加，招生数量扩大，研究生教育也得到发展。学校已经成为拥有80多个专业、16个本科学院、2个研究生学院和大量研究中心的国立研究型大学。2006年，科威特大学学生数量达到19 711人，教职工数量达到1 197人。

科威特大学的本科学院包括科学学院、艺术学院、工程与石油学院、教育学院、企业管理学院、牙医学院、妇女学院、计算机科学与工程学院、法学院、医学院、联合健康科学学院、伊斯兰教法与伊斯兰学院、药学院、社会科学学院、建筑学院和本科学位学院。科威特大学的研究生学院包括硕士学位学院和博士学位学院。科威特大学的研究中心包括信息系统研究中心、阿拉伯地区环境法研究中心、阿拉伯半岛和海湾研究中心、远程学习中心等。

近十年，科威特大学发展速度明显加快，目前其学生数量已经达到4万人，教职工数量达到1 565人，毕业生达到10万人以上。

独立后科威特也大力发展师范教育和职业技术教育。1969年，科威特政府成立两年制的专门培养初级阶段师资力量的教育学院，男女各一所，1986年学制改为两年。科威特政府还成立大量的职业技术学校，学制一般为二到四年。1982年，政府设立应用教育与培训总局，统一负责职业教育和培训。该机构先后培训毕业生2万人。

科威特政府在发展公立学校的同时，也大力支持私立学校的发展。私立学校主要接收外籍劳工的子女入学。政府对私立学校的办学提供资助并要求私立学校按照教育部的教学大纲进行教学，教育部还对私立学校的教学工作进行督导。

到1997年，科威特的学校数量达到608所，学生数量达到30万余人。私立学校数量达到321所，学生数量达到12万余人，其中90%为外籍学生；教师有6 655人，其中多数为外籍教师。到2003年，科威特学校数量达到1 056所，其中私立学校达到336所，在校生人数达到46万人，教职工数量达到3.7万人。

科威特人的文盲率从独立前1957年的54.5%下降到2003年的6.46%。但是21世纪以来，科威特文盲率并没有随着国家对教育的大力投入而继续降低，反而有所升高。到2015年，科威特约有13.3万人是文盲，90.3万人能够进行读写，但是不具备任何教育证书。

三、文化事业的发展

科威特是海湾地区文化事业发展较好的国家，在诗歌、戏剧等文学艺术方面都有发展。诗歌是科威特历史上最具影响力的文学形式。由于长期受到奥斯曼帝国和英国的统治，文学事业起步较晚。西方文明和阿拉伯伊斯兰文明在科威特的相互影响使科威特文学形成新的特色。西方势力的侵入和渗透，肥沃新月地带和埃及的相对发展促进科

威特知识分子的觉醒，使他们认识到科威特与外界的差距。一些社会
改革家试图通过传统的诗歌形式，使科威特民众认识到本国的落后、
愚昧，唤起他们改变现状的想法。科威特文化复兴运动先驱、著名学
者优素福·本·伊萨被称为科威特思想复兴之父，他倡导在科威特兴
办教育，并得到商人们的支持，1912年，科威特第一所学校"穆巴拉
克学校"建立。1912年，科威特诗人阿卜杜·阿齐兹·拉希德创建科
威特历史上第一个文学俱乐部，大量科威特的年轻诗人参加该俱乐部
的活动。俱乐部还赞助科威特在阿拉伯国家的留学生。

　　现代学校的建立使科威特年轻一代能够接触到现代科学文化，前
往埃及、黎巴嫩、叙利亚、伊拉克和西方国家留学，促进新文学和新
文化在科威特的传播。来自埃及和新月地带的报刊也对科威特文学的
发展产生了重要影响。1928年，拉希德创办综合性刊物《科威特》。
1946年年底，科威特在开罗的留学生参与创办《留学生》杂志。

　　从20世纪50年代起，科威特就开始大力支持文化事业。1957年
12月，科威特国家博物馆建成，归科威特教育局管理。1966年4月
27日，科威特政府将文物和博物馆划归新闻部管理。1977年，科威特
动工建设新博物馆。1983年2月22日，新博物馆竣工。

　　科威特政府重视对本国航海和造船历史文化的保护和传承。科威
特成立"科威特调研中心"，该中心只隶属于埃米尔，属于部级单位，
主要工作是组织专家学者们全面研究本国的文化遗产。该中心深入
研究科威特的造船和航海活动历史。1988年，该机构出版《科威特造
船史》一书，在科威特广受好评。该书先后在1998年、2007年再版。

　　政府对体育事业资助的力度很大，体育明星在科威特享有殊荣和
丰厚的物质回报。科威特因其体育事业在国家独立后发展迅速，成为
海湾地区的体育强国。科威特主要的体育项目有足球、手球、壁球、
马术、柔道、击剑、水上运动等，其中以足球最为著名。足球是科威
特民众最喜欢的体育运动项目，足球运动在科威特民众中普及程度很
高。科威特国家足球队经常在海湾地区的比赛以及亚洲杯赛中获得好
名次，并多次参加奥运会和世界杯比赛。科威特国内的体育活动通过
俱乐部和体育协会进行。科威特拥有世界上先进的体育运动场所和设
备，对外体育交流活动频繁。科威特在亚洲体育界中有较大影响力。
亚洲奥林匹克理事会总部就位于科威特首都科威特城，由科威特人担

任主席。科威特拥有发达的新闻出版业，报刊是其最主要的出版产品，科威特因此在阿拉伯世界占有重要位置。科威特是海湾国家中媒体自由度最高的国家。

四、医疗卫生事业的发展

科威特的医疗卫生事业起步较晚。直到1912年，科威特创办了本国第一家诊所。独立后，科威特利用石油工业创造的财政收入大力发展造福国民的医疗卫生事业。科威特政府将国民的医疗卫生事业纳入福利社会的建设中去，使所有科威特公民和侨民都享受完全免费的医疗服务。科威特的医疗保健服务体系可分为初级、中级和专科三个等级。科威特现有72个初级医疗保健中心，遍布全国六个省份，其主要的医疗服务包括小病、日常护理和急救等。中级医疗服务主要由科威特的大医院提供，科威特有六家综合性大医院，这六家医院拥有全方位先进的医疗设备，技术先进，聚集了科威特的知名医师，它们主要服务于大病和重病患者。专科诊所、医疗中心和医院提供专科医疗服务，并可以进行器官移植。20世纪90年代，科威特政府每年投入医疗卫生领域的预算占据国家财政预算的9%~10%。

科威特的医疗服务水平已经达到世界先进水平。这一点可以从新生儿的死亡率和国民平均寿命的变化上得到印证。科威特男性国民的平均寿命从1970年的63岁上升到1992年的74岁，女性平均寿命从66.2岁上升到77岁。2005年，科威特的新生儿死亡率降到1%，人均国民寿命达到77岁。到2010年，科威特每千人中有1.8名医生、2张病床。

科威特在核医学方面也取得了巨大的进步。科威特是中东地区较早引入放射医学的国家。核医学是利用核技术诊断、治疗和研究疾病的一门新兴学科。核技术在医学领域的利用推动了现代医学的进步。科威特从20世纪60年代开始引进核医学技术。萨巴赫医院是首家开设核医疗科的医院，在设立之初，该科的医疗设备只有一台摄像机和一台射线计数器。20世纪80年代，科威特又在5所医院开设新的核医疗科，并配备最先进的摄像机和仪器。科威特还及时引进世界上最先进的核诊疗设备。科威特大学医学院的核医疗科注重国际交流和合作，并取得不错的成绩。科威特的核医学研究报告先后在1984年和1986年获得北美核医学大会金牌和铜牌。

　　科威特人在享受高福利生活的同时，也出现肥胖率过高等健康问题。据阿拉伯时报2014年6月7日报道，《柳叶刀》医学杂志对188个国家的1980—2013年出生的青年进行的调查显示，科威特肥胖率居世界前列，达到45.5%。

第八节　环境问题的凸显与政府的应对

　　科威特面临着日益严重的环境问题。第一，陆地野生动物濒临灭绝。科威特的野生动物种类和数量原本就不多，现代化进程开始以后，随着人类活动的增多和对自然环境的加剧破坏，科威特的野生动物基本上濒临灭绝。第二，陆地、海洋环境的污染和生态破坏。历史上，科威特地区居民很多依靠海洋为生，采珠业在科威特的经济生活中占据重要位置，海洋仍然是当代科威特人的重要食品来源和可用于淡化的水源。石油工业发展后，科威特的工业化和城市化进程加速推进，对海洋的污染加重。两伊战争期间，伊拉克和伊朗两国相互发动石油设施破袭战、袭船战，科威特海域的环境被严重污染。海湾战争期间，伊拉克军队在撤退之时对石油设施进行了大规模的破坏，科威特的陆地和海洋的环境污染状况加剧。第三，工业和生活垃圾的大规模增加。科威特福利型社会形成之后，国民生活长期处于高消费状态中，生活垃圾排放量大，加上大量工业垃圾的产生，科威特的环境危机日益加剧。科威特土地资源稀缺，没有充足的土地用于处理垃圾。科威特已经成为世界上人均产生垃圾最多的国家，垃圾总量达到550万吨。房建和旧房拆毁是科威特垃圾的主要来源，占垃圾总量的85%。

　　2014年，世界银行警告科威特要将其纳入生产高耐久性废物的国家。世界银行该年的一份报告认为科威特人均每天产生的耐久性废物达到1.4千克，到2020年垃圾场的面积将达到5 333平方千米，需处理的垃圾已经超出了垃圾处理厂的负载能力，继续向垃圾场倾倒垃圾将危害人体健康。

　　科威特政府从独立以后就已经开始重视国内的环保问题。科威特是海湾国家中较早进行环保立法的国家。科威特政府在1964年颁布环保法案，其重点是关注海洋环保问题，防止船舶污染通航水域。该法案先后在1968年、1976年和1980年进行过三次修订。1980年的修正案中增加了对污染者的最高罚款额规定，对于违法者，科威特政府最高可处以4万科威特第纳尔的罚款，最低罚款额为1 500科威特第纳尔。

1980年，科威特议会批准颁布《1980年有关环保及环保总体政策的62号法案》，该法案是有关保护环境的综合性法规。1981年，科威特颁布环境保护法，成立环境保护委员会，1995年成立国家环境保护局，又于次年成立以第一副首相为主席的最高环境保护委员会。委员会由数位内阁大臣、科威特市政委员会主席、农业与渔业资源总局局长、科威特科学院秘书长和3名环保专家组成。

科威特在1978年参与国际环保合作，并在同年加入《保护海洋环境免受污染区域合作公约》和《紧急情况下应对石油和其他有害物质污染的区域合作议定书》两个国际环保公约。1989年，科威特加入《有关勘探和开发大陆架造成海洋污染的议定书》，次年又加入《保护海洋环境免受陆地污染源污染的议定书》。1998年，科威特加入《控制海洋越境转移和处置危险废物议定书》。

科威特政府实施环保措施的目标是保护动植物在陆地的生存环境，防范人类对动植物的滥杀滥伐，避免工业用地和住房用地的无限扩张，阻止物种的衰退和灭绝，恢复国内已经消失的物种，保护海洋环境和海洋生物。

科威特的工业和生活垃圾废品已经成为政府必须要面对的问题。科威特国内的技术水平难以满足处理垃圾废品的需要。科威特政府计划通过从国外引进先进的垃圾废品处理技术和相关的熟练技工满足这方面工作的需要。

科威特政府还尝试将"瓦克夫"应用到环保事业中去。瓦克夫是伊斯兰教法的专业术语，阿拉伯语意为"保留""扣留"，特指"保留"安拉对人世间一切财富的所有权，专门用于符合伊斯兰教法规定的宗教与社会慈善事业，是"为了宗教慈善事业或社会公益事业的需要而以真主名义专门留置的土地和有价值的不动产"。瓦克夫在阿拉伯伊斯兰国家的社会经济生活中发挥了重要作用。在人类历史的发展进程中，工业化时代以前，环境问题并没有凸显出来。但随着工业化的开展，环境问题成为影响人类可持续发展的重要问题。历史上的瓦克夫并没有参与过环境保护事业，但是伊斯兰教的生态环境观为瓦克夫在环境保护中的应用奠定了很好的思想基础。穆斯林的生活方式处处体现着环境保护理念，环境保护更易引起穆斯林的共鸣，这为瓦克夫在环境保护中的应用提供了很好的现实条件。

海湾战争和伊拉克战争给科威特的陆地和海洋生态环境造成了严重的污染。在科威特，瓦克夫由专门机构——科威特瓦克夫基金会负责管理。1993年，该基金会成为一个独立的政府机构。其最大的贡献在于成立了瓦克夫基金，该基金直接服务于社会需要。科威特将瓦克夫运用到环境保护的举措有以下三种：

第一，提升捐赠者的环保意识。科威特瓦克夫基金会在提升捐赠者的环保意识方面扮演了重要的角色。基金会有策略地支持专门基金的建立。这些基金都有专门的适用范围，鼓励和劝说捐赠者将其财产用于某个特定的领域，然后瓦克夫用这些捐赠完成其目标。其中就包括环境保护基金。基金会通过星期五聚礼、媒体和其他方式鼓励人们捐赠，将没有规定专门用途的瓦克夫用于环保。1992年，科威特瓦克夫基金会成立瓦克夫公司（科威特环保服务公司），处理治理污染的事务。1995年，科威特瓦克夫基金会成立了一个瓦克夫环保基金用于维护环境，此项瓦克夫基金还用于绿化清真寺的工作。

第二，提升管理者将瓦克夫收益引向环境保护的能力。在科威特瓦克夫基金会中，所有的瓦克夫财产由瓦克夫基金会管理，管理者和法官的角色都由基金会代替，并由瓦克夫部挑选的人员组成的管理委员会负责，其中至少有一名环保专家。这有利于将瓦克夫用于环境保护。

第三，资助地区性的国际环保组织。海湾战争之后，基金会成立环保瓦克夫基金用于保护科威特的环境。捐赠者支持将健康基金、专用基金和环保基金统一起来。海湾区域环保组织从这一基金中受益，该组织从事绿化清真寺和学校、资助当地的环境组织和出版环保书籍等工作。当前，科威特的环保组织如科威特海洋环境保护组织、阿拉伯环境法中心和国家自然保护联盟能够从科威特瓦克夫基金会获得资助。

增强本国民众的环保意识也是科威特开展环保工作的重要举措。科威特政府重视对本国居民的环保教育工作，通过发动和教育民众开展相关的环保工作，使民众认识到环保工作的重要性和紧迫性，自觉投入环保和生态文明建设工作中。2011年4月，科威特环保协会发起争当"百万环保积极分子"运动。到10月，登记的积极分子人数达到86万余人。环保协会开展的主要工作有清理海底废弃物和海岸垃圾，保护和种植珊瑚，保护和恢复野生动植物资源，出版环保出版物等。

第九节　妇女地位的提高

　　独立以前，妇女在科威特历史上的地位一直很低下，她们没有政治权利，在家庭生活和社会活动中受到很多限制和不公平对待。但是商贸传统和西方文化的长期影响使科威特的社会风气总体上比较开放。1956年，科威特境内发生妇女群体发起的"烧毁面纱"运动，很多妇女开始穿上现代服装。不少科威特妇女到国外留学接受高等教育。

　　科威特宪法中的很多关于公民权利平等的条款现实中难以得到落实。妇女长期没有参政权利。但是，与海湾地区其他的阿拉伯君主国相比，科威特妇女在社会生活中享受不少的自由。1961年，从学校毕业的首批女学生被允许到政府部门工作，这些妇女拒绝戴面纱工作。科威特外交部是第一个实现妇女不用戴面纱工作的政府部门，之后其他部门陆续仿照外交部的做法。

　　20世纪70年代初，科威特年轻妇女可以穿西服、皮鞋，不戴面纱在大街上自由行走、读书、参加工作。到科威特工作的外国女子可以按照原来的生活方式进行正常生活而不受影响。20世纪70年代末80年代初，有社会学家在科威特进行了一份"科威特妇女如何看待自己在社会中扮演的角色及其转变这一角色的愿望"的调查问卷，结果显示：70%的科威特妇女觉得自己与家中的男性平等，有同样的责任，没有受压迫；61.9%的妇女认为男女在做家庭决定时有差别；68.4%的妇女认为在婚姻和教育等问题上应服从家庭决定；几乎所有妇女认为在男权支配的社会，妇女改变自身地位是不可能的；有57%的妇女反对改变她们的现有社会地位。这说明这一时期，科威特妇女受传统影响还很大。

　　20世纪80年代，科威特妇女在受教育方面的权利基本得到了保障，但是在就业方面面临很多的歧视和不公正待遇。大部分的科威特妇女工作时间不超过三年，结婚后就选择离职。科威特男性认为适合妇女的工作是在女子学校任职，科威特各个部门办公室的设置都避免男女共处。妇女的工作部门多集中在政府公共部门，因工作而经常抛头露面的妇女很少。此外，在工作过程中，妇女往往得不到重视，发展和升迁机会大大少于男性。这一时期的科威特妇女还存在矛盾心理，既想通过就业取得经济独立逃离家庭烦恼，又害怕挫折，不愿意从事有挑战性的和艰苦的工作。科威特大部分女性毕业生不愿意到企业上班或经商，只愿从事家政和教师职业培训等工作。

独立以来，科威特成立很多妇女团体和组织，很多女权活动家开始积极争取妇女权益，特别是选举权。1992年，科威特议会首次对妇女的选举权问题进行讨论，但是在议会内部保守伊斯兰团体的反对下未能成功。埃米尔公开表示支持妇女的选举权，但是在议会中难以获得广泛支持。1999年5月，埃米尔发布法令，提议开放妇女的选举权，从2003年开始赋予妇女参加议会选举的权利。但是埃米尔的法令在议会中再次被否决。2003年，科威特妇女第一次参加议会选举，然而其票数不计入正式计票票数，这标志着科威特妇女地位的一次重大变化。2004年5月，科威特的女权活动家群体联名呼吁政府给予妇女全面的政治权利。之后科威特内阁批准一项给予妇女选举权和被选举权的法律修正案，却在议会中遭否决。但是在这一年，科威特妇女取得教育部和石油部副部长的职位，并担任驻外大使，这在海湾国家中是第一次。

2005年，科威特籍女性人口占全国人口的58%，科威特大学生中女性已经占85%。绝大多数的妇女已经广泛参与社会经济生活，在学校、医院、新闻媒体、金融、商业和公共服务部门中都发挥重要的作用。在这一年，科威特妇女在政治上初步获得成功。

2005年，给予妇女选举权和被选举权的法律修正案终于在议会中被通过。科威特成为海湾国家中第一个妇女获得选举权和被选举权的国家，此外，来自科威特大学的女教授玛苏玛·穆巴拉克出任计划与行政发展事务国务大臣，政府还任命妇女担任市政议会议员。2006年，妇女在科威特历史上首次行使选举权。在该年6月的选举中，19万余名女性选民参与投票，占选民总数的57.2%。虽然选举结果是26名妇女候选人全部落选，但是妇女参选本身就是一个重大的胜利。在2008年的科威特议会选举中，妇女中仍然没有一个能竞选成功。

科威特妇女在政治上获得了一定的权利，但是，想实现真正的男女平等还不现实。科威特社会对妇女的歧视仍然普遍存在。妇女不能获得政府住房，不能代表外国配偶办理居住证，不能从事司法职业。2007年6月，议会通过引发争议的法律，规定妇女除医务人员外禁止上夜班，不能从事违背道德和只为男人提供服务的商业活动。在国内外的压力下，该条法律于2010年被废除。在2009年的议会选举中，有4名妇女竞选议员成功，这4人都有留美读博的经历并在科威特大学担任教授。同年10月，科威特宪法法院裁决妇女可以不戴头巾出席议会和参加选举活动。但在2012年的议会选举中，没有一名女候选人胜出。2017年3月，科威特妇女事务委员会主任拉缇珐·萨巴赫表示，科威特政府需要帮助女性实现自身价值，为女性提供更多服务，保护女性权益，实现联合国千年发展目标中就女权问题规划的目标。

受制于长期的传统，科威特妇女政治地位的提升任重道远。妇女服役从军是现代社会发展的重要表现之一。科威特妇女在工程管理、军事设施、公共服务等部门服役，但是受到很多限制，招募筛选条件严格。妇女还不能像男子一样服兵役。

科威特女性已获得和男性一样的受教育权利。但是在普通教育阶段，男女必须分校，高等教育中男女必须分班。妇女参加公共活动都要戴头巾。尽管如此，科威特目前已经成为在海湾地区实现性别平等方面成就最突出的国家，在2014年和2015年的全球性别差距报告中，科威特位列阿拉伯国家中的第一位。

第十节　社会发展的特征

独立以来，科威特由传统社会快速步入现代社会，形成了典型的高福利社会。科威特的教育事业得到快速发展，科技有所进步，文化事业呈现出较为繁荣的局面。科威特妇女地位和处境与其他海湾君主国相比好很多，但是距离真正的男女平等还有很大的差距。科威特妇女地位的提高是一个必然的趋势，但是从目前来看任重而道远。

　　科威特高福利社会的维持需要国家有充足的财政收入作支撑。从20世纪80年代开始，科威特政府已经对福利政策进行了改革，海湾战争后科威特政府财政的紧张也加快了福利政策的改革步伐。但是科威特政府的改革面临很大的阻力。2008年以后全球经济的持续低迷、能源革命带来的冲击使科威特很难像过去一样获得巨额财政收入，实行更加合理的福利政策势在必行。

　　科威特的教育发展并没有从根本上改变本国高素质劳动力短缺的局面，外籍劳工带来的社会问题也长期得不到解决，并将长期困扰科威特的社会发展。

第七章　外交

独立以前，在英国的统治下科威特的对外交往长期被限制在海湾地区和英属印度，随着英国实力的衰落，科威特的对外交往逐渐扩大。为争取国家独立，科威特也通过对外交往争取国际支持。独立后，科威特将维护国家的独立、主权和领土完整作为对外关系最重要的准则。科威特在相互尊重、互不干涉内政的基础上加强与其他国家的建设性合作关系，主张依据公平和正义原则，以和平方式解决国际问题，维护科威特的独立、领土、主权、资源和政治决策的自由。科威特坚信阿拉伯民族的共同命运，并在此基础上发展同阿拉伯国家的关系，支持阿拉伯联盟及其机构的进步。但是科威特的独特国情使其将对外交往的重点放在西方大国和周边国家。

第一节　对外政策

科威特作为一个小国，通过石油工业获得了大量的收入。科威特不甘做一个小国，通过对外援助发展对外关系，提高本国在国际社会上的影响力。科威特的对外援助是有选择性的，目的是实现某种特定的外交目标。

科威特的对外援助主要由国内的基金会负责，其中最著名的是科威特阿拉伯经济发展基金会和阿拉伯经济和社会发展基金会。科威特对外援助的对象国分为三个层次：第一层次是阿拉伯国家，第二层次是伊斯兰国家，第三层次是其他亚非拉发展中国家。科威特每年对外援助额约为其国民生产总值的3.8%。

科威特是阿拉伯世界最早对外提供援助的国家。独立后不久，科威特政府就成立了科威特阿拉伯经济发展基金会，专门负责对阿拉伯国家的援助工作。最早接受科威特援助的国家和组织包括约旦、叙利亚、埃及和巴勒斯坦解放组织等。两伊战争期间，科威特支持伊拉克政府，先后向其提供130亿美元经济援助。

科威特政府从20世纪70年代开始加大对外援助的力度，加大对基金会的支持，增加其本金，将援助国范围扩大到其他伊斯兰国家和其他亚非拉发展中国家。按照援助额占国家财政收入的比重，科威特已成为世界上对外援助最多的国家。到1998年，科威特的贷款受援国已经达到89个。在科威特对外提供的贷款中，提供给阿拉伯国家的贷款占总贷款额的55.1%。科威特的赠款和技术援助受益国家和组织达到79个。到2014年，科威特的对外援助额达到110亿美元。

从1975年到2015年，科威特阿拉伯经济与发展基金会对约旦的援助额达到19.8亿美元。2016年，科威特向约旦提供约1亿美元的贷款，支持约旦国内中小企业的发展。到2014年年底，科威特经济发展基金会向埃及提供38笔总额为23.12亿美元的贷款。

科威特的援助外交有针对性，科威特与阿拉伯国家受援国关系的好坏是决定是否援助的重要参考标准。巴勒斯坦解放组织和约旦支持伊拉克入侵科威特，科威特在海湾战争后终止了对其援助。

根据科威特通讯社的报道，科威特阿拉伯经济发展基金会从1962年到2016年共向西非国家提供贷款172笔，总额约20亿美元，主要的援助领域包括交通、水利和农业项目等。

农业项目援助是科威特对外援助的重要项目之一。根据《科威特时报》2016年8月11日的报道，科威特阿拉伯经济发展基金会到2015年年底共向国外提供197个农业贷款项目，贷款总额为9.69亿科威特第纳尔，占基金会对外贷款总额的21%，其中40%的款项面向阿拉伯国家。

对外援助对于提升科威特的国际影响力作用明显。在2014年5月召开的第四届亚洲相互协作与信任措施会议峰会上，科威特副首相在讲话时称，科威特坚决支持在亚洲大陆上根除贫困，为广大人民创造发展机会，科方将不遗余力向任何亚洲国家伸出援助之手。

第二节　　对外关系

❀ 一、科威特与世界大国之间的交往

　　科威特与西方大国一直保持密切的外交关系。这种密切的关系是由历史和现实两方面的因素构成的。历史上，科威特长期是英国殖民地，独立后与英国保持密切联系。从现实来看，首先，科威特是一个军事小国和弱国，难以依靠本国力量保障国家的安全，西方大国在中东具有很强的影响力，科威特的国家安全依赖西方国家；其次，作为科威特国家经济支柱的石油工业在技术、管理和市场方面对西方大国有很强的依赖；最后，科威特国家收入的另一重要来源——投资收入也主要依赖西方国家。除西方国家之外，科威特也开展与俄罗斯之间的交往。

（一）科威特与美国的关系

　　科威特独立以前，美国就已开始在科威特发展本国的势力。美国在科威特建有领事馆，美国石油财团也在科威特拥有不少石油利益。科威特独立后，美国即与科威特建交。由于科威特不满美国政府在阿以冲突中偏袒以色列，科威特与美国之间的关系一般。1968年，英国宣布将撤出海湾地区，美国乘机扩大在海湾地区的影响力。科威特与美国之间的关系得到发展。同年12月，科威特埃米尔访问美国并与约翰逊总统会谈。1973年第四次中东战争期间，科威特反对美国在战争期间支持以色列的政策，参加对美国的石油禁运。

　　第四次中东战争之后，中东和平进程开启，美国在中东和平进程中发挥了重要的调节和推动作用。科威特与美国之间的关系得到改善，双方的经济和安全防务合作得到加强。1975年4月，科威特与美国签订《关于向科威特提供防务计划和防务服务以及在科威特建立美国联络处的协定》。之后，科威特向美国大量采购先进的武器装备，包括"鹰"式战斗机、导弹、坦克和大口径火炮等。

　　到20世纪80年代初，科威特向美国采购武器的费用达到15亿美

元。两伊战争期间，科美两国的关系继续得到提升。1984年4月，科威特国防大臣萨利姆访美，科美两国签订了价值约8 000万美元的军火销售合同，美国成为科威特主要的武器进口来源国。两伊战争期间，战火波及科威特，其油轮遭到伊朗的打击。科威特无力反抗伊朗，只能选择和美国进行合作以保护本国石油的出口。美国同意科威特租用美国油轮并允许科威特油轮悬挂美国国旗，美国还出动海军为科威特的油轮护航。双方关系得到进一步的加强。

伊拉克入侵并占领科威特之后，以美国为首的得到联合国授权的多国部队击败伊拉克，帮助科威特复国。海湾战争后，两国关系发展到新高度，美国还在科威特的战后重建中获得最多的项目。双方在防务领域和经贸领域展开紧密合作。1991年9月，科美两国签订为期10年的《安全防务协定》（以下简称《协定》），2001年《协定》续签十年到2011年。根据《协定》，科威特成为美国的重要武器装备储存基地，美国可以使用科威特的港口，双方进行联合军事演习。美军可以在科威特驻军、建立军事基地并派遣军队到科威特应付紧急情况。科美两国的协定使科威特获得美国的安全保障，但同时科威特要向美军提供大量的驻军费用。科威特向美国提供的费用包括每年3 500万美元的常规驻军费用以及对驻科威特美军军事设施的采购、维修和养护费用。

从1992年开始，两国开始每两年举办一次海陆空军联合军事演习。1999年，美国国防部部长科恩两次访问科威特。之后美国在科威特的海空军基地得到扩建，美军还在科威特成立永久性指挥部并增强在科威特的兵力和武器装备。到2000年，科威特为驻扎美军提供的费用达到年均4.74亿美元。

两国的军事防务合作为美国在2003年发动伊拉克战争提供了良好的条件。科威特和伊拉克紧邻，方便美国及其盟国的出兵。伊拉克战争之前，美国在科威特的总兵力达到15万人。科威特支持美国发动伊拉克战争，并在战争期间向美国提供巨额的财政支持。

伊拉克战争消除了对科威特产生重大安全威胁的伊拉克萨达姆政权，科威特在为美军战争期间提供服务和参与战后伊拉克工作中获得很大的经济利益。仅2005年，科威特就获得驻伊美军总额为173亿美元的供货合同。

双方合作的密切还表现为科威特对美国武器装备的采购。到2004年，科威特与美国的武器交易额已经达到68.4亿美元。

科威特和美国之间的经贸关系在海湾战争后也得到快速发展。科威特在美国的投资额和存款数量最大。科威特还向美国出口石油，美国成为科威特的第二大进口国。科威特还给予美国大量的援助。2006年美国遭遇飓风袭击，科威特向美国提供5亿美元的援助，该笔援助是美国得到的最大一笔援助，也是科威特少有的对西方发达国家的援助。

科威特已成为美国在海湾地区最重要的军事基地之一。美国在科威特的军事基地是美军进出伊拉克和阿富汗的主要转运地。科威特是美军中央司令部战区应急部队的重要平台和军事基地。2012年美国在科威特的驻军达到1.5万人。

但是海湾战争后美军驻扎问题也引起科威特国内部分民众的不满。部分民众反对美国在科威特的军事存在，有些人选择采取暴力方式抗争。2000年11月，6名科威特人因为参与策划袭击驻扎美军被政府逮捕。2002年，科威特境内又多次发生攻击美军以及盟军的事件，10月的一次袭击造成一名美军死亡，一名受伤。2003年伊拉克战争之后，反美的伊斯兰激进势力在科威特影响力扩大。科威特的宗教人士和民族主义者反对美国的中东政策，并且反对本国政府与美国保持密切关系。2004年，不少科威特人因被怀疑参与反对美国入侵伊拉克的活动而被逮捕，还有不少科威特人去伊拉克参加反美活动。从2005年到2009年，科威特政府挫败多次属于基地组织的科威特人的反美活动和反美计划。2011年，美国参谋长联席会议主席、特种战术部队司令、中央战区司令等军事高官相继访问科威特。同年11月，埃米尔出席在科威特城的美国文化中心的开幕仪式。

科威特是美国的重要军火市场，仅2016年科威特就花费101亿美元向美国购买F-15战机（2016年美国的军售总额为336亿美元）。在美国打击极端组织"伊斯兰国"的行动中，科威特一直给予美国支持。

科威特支持美国的反恐行动，向美国提供反恐情报和军事基地方面的支持，但是也反对美国将恐怖主义与特定的民族和宗教挂钩的做法和观点。

科威特与美国之间还保持着密切的民间外交，2016年的前9个月，科威特到美国旅游的人数已经达到7.5万人，其中包括1.5万赴美国留学的学生群体。从2005年至2016年，科威特到美国旅游的人数增加了5倍。

（二）科威特与英国的关系

科威特所在的海湾地区与西方国家之间的交往历史时间较长，新航路开辟之后，葡萄牙、荷兰、英国和法国等先后介入海湾地区事务。最终英国获得在海湾地区的主导权。科威特在19世纪末成为英国的保护国。英国长期控制科威特的外交，科威特的外交活动范围长期被限制在英国、海湾地区和英属印度。英国石油财团还在科威特获得巨大的石油收益。从20世纪50年代开始，科威特政府就开始与英国斗争争取独立。

1961年，科威特从英国的殖民统治下获得独立，但因科威特早期与英国签订了各种殖民性质的保护协定，如《友好合作条约》，英国仍然在科威特保持相当大的影响力。伊拉克对新生的科威特政权提出领土要求，科威特被迫向英国求援，英国派军入驻科威特，后来由沙特阿拉伯、埃及、约旦、苏丹和摩洛哥五国组成的阿拉伯联合部队进驻科威特，才使英国撤军。1968年5月，科威特政府宣布中止与英国签订的军事援助协定。但是英国在20世纪80年代以前仍然是科威特的主要武器装备进口来源国，英国还是科威特这一时期最主要的贸易伙伴，而且在科威特的军事教育中英国仍然保持很大的影响力。80年代以后美国取代英国成为科威特最主要的武器进口来源国。

科威特与英国关系的发展明显受到英国在海湾地区实力和影响力的影响。英国在包括海湾在内的中东地区的影响力从第二次世界大战后开始下降。一方面英国在第二次世界大战期间实力下降，战后美国和苏联在中东扩张，挤压英国在中东的势力范围；另一方面，中东地区民族民主运动的高涨也打击了英国在中东地区的主导地位。从第二次世界大战初期到20世纪50年代，英国相继失去了在非海湾主要地区的殖民地。进入20世纪60年代后，随着科威特的独立，英国的海湾殖民体系开始走向瓦解。1971年，英国最终撤出海湾地区。科威特与英国的关系逐渐降温，但两国继续保持友好关系。1979年，英国伊丽莎白女王访问科威特。1981年，英国首相撒切尔夫人访问科威特。

1990年伊拉克侵占科威特之后，英国支持恢复科威特的主权和领土完整，并参加多国部队对伊拉克进行打击。英国是海湾战争的多国部队中参战兵力仅次于美国的国家，英国参战兵力达到4.3万人，共出动坦克300多辆，战舰20多艘，战机70多架。海湾战争后，两国的关系迅速升温。这种升温具体表现为政治交往的频繁、安全合作的增强、双边贸易和投资的增长。1992年，科英两国达成《安全谅解备忘录》，期限为10年。科威特向英国购买大量的先进武器装备，允许英国在本国驻军。2003年伊拉克战争前，在科威特的英国驻军已经达到约1万人。在经济领域，英国成为科威特重要的经济伙伴。1999年，科威特与英国的贸易额为3.35亿英镑，英国向科威特出口2亿英镑。科威特在英国进行大量的投资，投资额达到80多亿美元。2010年2月，英国海军访问科威特，与科威特海岸警卫队举行海上反恐和打击走私的联合演练。2011年2月，英国首相卡梅伦、前首相布莱尔、王储查尔斯先后访问科威特。2014年5月，科威特与英国签署为期5年的液化天然气购买合同，以满足科威特国内未来五年对液化天然气的需求。

（三）科威特与法国、德国和日本的关系

科威特与法国交往的主要领域是经贸领域和防务领域。科威特从法国进口工业制品，同时也在法国进行投资。1983年3月，科威特同法国签订了购买"空中客车"民用飞机合同，价值达10亿美元。1988年，科威特对法国投资8 000万美元。1991年的海湾战争期间，法国派兵参加多国部队参与解放科威特。战后，法国又派遣专业的灭火队伍帮助科威特开展油田灭火工作。1992年8月18日，科法两国签订了为期10年的防务合作协定，科威特同意向法国大量采购武器装备。1997年7月，科威特石油公司与法国道达尔公司签订了为期3年半的石油、天然气技术服务协议。1998年9月，科威特第一副首相兼外交大臣萨巴赫访法。同年10月，法国国防部部长访科。

2004年1月，科法两国签订《发展双边关系谅解备忘录》，同年两国进行联合演习。2009年10月22日，法国国防部部长访问科威特，两国签订新的防卫协议，加强双边军事合作。2010年4月，科威特首相纳赛尔访问法国，两国签署为期20年的民用核能合作协议。2013年，科法两国的双边贸易额达到24亿美元，是1984年以来的最高值。

2014年5月，科威特和法国在水、石油和可再生能源领域进行科学合作。同年6月，科威特与法国签署新的商务协议以加强两国的经济合作，促进科威特的经济发展。

科威特与德国保持密切的经贸往来，德国是科威特在欧洲的主要贸易国之一。1965年两国正式建交。同年，因当时的联邦德国与以色列建交，科威特宣布与其断交，但允许德国保留总领馆。1972年，两国复交。德国在1991年参加了多国部队解放科威特的军事行动。2004年7月，德国经济部部长凯利姆内特访科，与科方就加强双边经贸关系和互相增加在对方的长期投资进行商谈。德国向来把科威特当作加强与海湾国家经贸关系的桥梁。双方合作的项目包括天然气发电、通信行业和海水淡化等。2005年2月，德国总理施罗德访问科威特。2010年，科威特埃米尔访问德国。2011年12月，德国总统武尔夫回访科威特。

科日两国在石油领域的合作开展得较多。日本是科威特的第一大贸易伙伴，日本已经成为科威特石油的主要出口目的国，科威特的石油有27%出口到日本。包括科威特在内的中东地区是日本最重要的石油进口来源地。曾有日本学者表示，如中东产油国停止正常供油的30%并持续200天，日本将会有300万人死亡、70%的财富被蒸发。

第二次世界大战后随着日本经济的恢复和发展，其国民经济对石油特别是中东石油的依赖空前加强。到1973年，日本对中东石油的依赖度达到79%。这一时期，科威特与日本之间的交往主要在经济领域。科威特所在的海湾地区是日本外交的重要地区。1958年，日本设立阿拉伯石油公司，日本占其中股份的80%。阿拉伯石油公司获得属于科威特的中立区部分海岸约9.66千米外的海上石油资源的开采权。第四次中东战争以前，科威特实行支持与以色列作战的阿拉伯国家的政策，但是由于本国石油资源还有很大部分控制在外国资本手中，加上西方国家在海湾地区还有巨大的影响力，日本的亲以色列政策没有对科日双边关系产生明显的影响，双方还保持石油贸易，日本在亲以的同时也能够稳定地获得科威特的石油。

第四次中东战争后，科威特参与阿拉伯产油国对支持以色列的西方国家的石油禁运政策，日本也在"不友好国家"之列。日本经济因此面临危机，政府被迫在不得罪美国的前提下发表支持阿拉伯国家、谴责以色列的声明，日本内阁表示支持巴勒斯坦人民的自决权，要求以色列从所占全部领土上撤出，日本还同意给阿拉伯国家经济和技术援助。之后，科威特宣布将日本列为友好国家，恢复对日本的石油出口。日本与科威特经贸往来长期开展。海湾战争中，日本出资20亿美元用于对伊拉克的作战，对海湾国家的援助额也达到20亿美元。但是在海湾战争后的科威特重建工作中日本被排除在外，难以分享科威特的经济项目。1995年10月，科威特埃米尔访日，科日双方就经贸合作及海湾地区形势等问题进行了会谈。1998年10月，科威特第一副首相兼外交大臣萨巴赫访日。1999年5月，日本通产大臣访科。2002年，科威特石油部与日本阿拉伯石油公司签订一项备忘录，日本在科威特和沙特阿拉伯海域中立区科威特部分的石油勘探特权于2003年1月4日终止。日本向科威特出口的商品主要是机械、电器等工业制品，占科威特进口额的17.5%。1996年，两国贸易额达38.28亿美元，其中日本的进口额为28.84亿美元。进入21世纪后，日本多年成为科威特最大的石油出口目的国，2011年其进口石油占科威特石油出口的20%。2004年2月，日本海上自卫队舰艇访问科威特。2011年4月，科威特向遭受大地震的日本无偿提供价值5.5亿美元的原油援助，支持灾后重建工作。2013年，日本首相安倍晋三访问科威特。2014年，科威特计划实施120亿美元的清洁燃料项目，日本财团获得其中48亿美元的项目份额。科威特想通过该项目提高炼油厂的生产能力，生产清洁能源。

（四）科威特与俄罗斯的关系

俄罗斯（苏联）是科威特除西方国家外重点交往的世界大国，两国之间的交往开始于20世纪70年代中期，主要是在军事和防务领域。1976年1月，科威特和苏联达成武器采购、建设海空军军事基地的协定。海湾危机以前，科威特是海湾君主国中唯一与苏联关系较为密切的国家，科威特成为苏联与其他海湾国家联系的纽带，苏联也将科威特打造成为海湾国家与苏联发展友好关系获得利益的样板。

两伊战争期间，科威特加强在武器采购方面与苏联的合作，向苏联采购总值26.27亿美元的武器。1993年，科威特又与俄罗斯签订《联合防御协定》，期限为10年。同年，科俄双方在海湾地区进行首次联合军事演习。进入21世纪，科威特与俄罗斯之间的关系得到加强。科威特发展与俄罗斯之间的关系体现了科威特在大国之间追求相对均衡的外交原则。

总之，科威特与大国之间的外交保障了本国的国家安全，为本国经济的发展提供了较好的国际环境。

❧ 二、同周边国家的关系

科威特是海湾地区的一个小国，与周边国家的关系对其国家安全稳定和发展有着至关重要的影响。科威特有伊拉克、沙特阿拉伯和伊朗三个周边国家。

（一）科威特与伊拉克的关系

科伊关系在很长一段时间内是科威特在与周边国家交往中面临的最大难题。历史上，科威特曾属于奥斯曼帝国巴士拉省的一部分，自英国控制科威特后，科威特实际上已经脱离奥斯曼帝国。第一次世界大战后，伊拉克独立建国，原奥斯曼帝国的巴士拉省成为伊拉克的一部分。伊拉克政府在科威特独立前就对其提出领土要求，认为科威特应该划归伊拉克。但是在英国的压力下，伊拉克难以改变科威特的现状。伊拉克与科威特的边界问题没有得到解决。1954年，科威特和伊拉克政府就伊拉克向科威特供水问题达成协定，但是协定没有得到落实。

1961年科威特独立后，伊拉克再次对科威特提出领土要求，双边关系迅速紧张，并引发英国干预的政治危机，最终在阿盟的干预下得到解决。直到1963年伊拉克政权才承认科威特独立，同年11月，两国签订了贸易经济协定，但边界问题仍未解决。双方的政治交往增多，1971年两国实现外交大臣的互访，双方于同年8月成立了科-伊联合委员会，负责执行1963年协定并解决边界问题。为此目的，科伊双方进行了一系列的接触与磋商，由于伊方拒绝接受1932年边界协议，谈判无果而终。两国于1973年和1974年在边界地区爆发军事冲突。伊拉克在无法得到科威特的情况下，为得到更好的出海口多次要求科威特政府割让沃尔巴岛并将布比延岛租让给伊拉克99年，被科威特政府拒绝。科威特独立后，科伊两国就供水问题进行长期的磋商，都没有取得成效。

两伊战争期间，两国关系得到改善，科威特出于同属阿拉伯民族的情感和现实利益因素大力支持伊拉克，向伊拉克提供大量的经济援助。科威特的援助并没有带来双边关系的改善。两伊战争结束后，萨达姆要求科威特免除伊拉克所欠的债务，遭到科威特的拒绝。伊拉克在欧佩克会议上谴责科威特盗取科伊两国边境的石油资源，双方口角不断。

1990年萨达姆派军队侵占科威特，科威特在国际社会的帮助下复国，双方关系恶化。科威特在复国后支持国际社会对伊拉克的制裁，要求伊拉克交还战争中失踪的科威特人并向伊拉克提出战争索赔。但是赔款问题一直没有得到伊拉克政府的执行。1993年，联合国划定科威特与伊拉克的国界。但是伊拉克军队多次越境搜集战争遗留武器，并破坏科威特境内的一些基础设施。联合国被迫组织多国联合军事观察员部队巡视科伊边境。1994年，科伊两国边境出现紧张局面，英美等国增兵海湾地区，迫使伊拉克从科伊边境地区撤军。1995年，在俄罗斯的斡旋下，伊拉克宣布承认联合国划定的科伊边界。但科威特呼吁国际社会维持对伊拉克的制裁直到伊拉克释放伊拉克入侵期间被扣留的科威特和别国公民。科威特战俘和失踪人员问题成为两国改善关系的重要障碍，双方多次谈判未果。2001年，海湾战争10周年之际，伊拉克官员再次发表讲话称科威特是伊拉克不可分割的一部分，科威特政府对此表示强烈抗议。2002年，两国关系出现缓和，双方达成协议，伊拉克表示永远不再侵略科威特，尊重科威特的领土和主权完整。科威特也表示不再要求伊拉克为1990年的入侵道歉。

科威特对萨达姆政权的倒台大加称赞，并向新政府统治下的伊拉克人提供人道主义援助，如医疗和淡水等方面的支援。2003年伊拉克战争后，科威特支持伊拉克重建，呼吁伊拉克各派保持克制，通过对话实现稳定，实现由伊拉克人民自己治理自己的国家，实现民族和解，担心美国撤军后可能爆发伊拉克教派冲突。2004年6月，科威特与伊拉克临时政府宣布恢复正常关系。科威特支持实现伊拉克的安全与稳定。但是因为债务和赔款问题，两国关系要实现良性发展仍很艰难。联合国规定的伊拉克对科威特的赔款还有147亿美元没有落实。后来双方的政治交往增多。2007年4月，伊拉克总理马利基访问科威特。同年 11 月，伊拉克总统塔拉巴尼访问科威特。2008 年，双方重新开始互派大使。2010 年，两国就在边界地区共同开发石油问题进行谈判。2011 年 1 月，科威特首相自海湾战争以来首次访问伊拉克，双方同意成立联合委员会处理战争赔款、边界争端问题。2012 年，科威特埃米尔正式访问伊拉克，两国最终达成海陆边界协议，困扰两国的边界问题最终得到解决。同年 12 月 5 日，联合国安理会秘书长潘基文访问科威特。他对科威特和伊拉克两国改善关系给予高度赞赏，称两国关系正在迈向合作共赢的新时代。2013 年，两国正式恢复通航。

2014 年 12 月，科威特外交大臣萨巴赫·哈立德与伊拉克外交大臣易卜拉欣·贾法里进行会晤，双方同意在多个领域进行合作。科威特表示支持伊拉克打击恐怖主义，在巴士拉和埃尔比勒开设领事馆，推迟伊拉克的战争赔款。2017 年 9 月 21 日，科威特首相贾比尔·穆巴拉克·哈马德·萨巴赫在联合国大会发言时表示，科威特将在 2018 年举办一场国际捐助会议，帮助伊拉克重建被极端组织"达伊沙"破坏的地区。

（二）科威特与沙特阿拉伯的关系

科威特和沙特阿拉伯在历史上发生过多次冲突，最近的一次是第一次世界大战后发生的 1919 年到 1920 年的科威特战争。但在英国的干预下沙特阿拉伯被迫放弃。1922 年，在英国操控下，沙特阿拉伯和科威特之间划定中立区，科威特丧失一半以上的领土。伊本·沙特阿拉伯从 1923 年起对科威特发动长达 15 年的贸易封锁和军事袭扰，目的是尽可能多地兼并科威特的领土。

科威特独立后，同沙特阿拉伯保持密切关系。1964 年 3 月，科沙两国达成初步协议平分中立区领土主权和均享石油利益。1970 年，两国划定分界线，中立区不复存在。1979 年伊朗伊斯兰革命后，为了共同应对伊朗向外输出伊斯兰革命，科沙两国于 1981 年 2 月共同发起成立海湾合作委员会，双边关系得到了进一步加强。1990 年 8 月，伊拉克占领科威特后，科威特领导集团到沙特阿拉伯避难并在沙特阿拉伯境内成立临时政府。海湾战争后，双方之间的关系得到提升。2000 年 7 月，双方就海上边界达成协议。两国之后在海湾国家合作委员会的框架下进行全方位的政治、经济和军事合作。2011 年 5 月，科威特与沙特阿拉伯合作，以海合会"半岛盾牌"部队的名义出兵巴林，维持了巴林的稳定。

（三）科威特与伊朗的关系

科威特与伊朗之间关系的发展受周边阿拉伯国家与伊朗关系的影响，科伊关系从总体上看发展曲折。科伊两国存在领海争端，科威特独立后与伊朗就领海问题进行多次谈判。1965年6月，两国草签协议，决定成立委员会，研究两国领海问题。1968年1月，两国就海湾大陆架沙洲问题达成协议。

1971年11月，伊朗出兵占领海湾的大、小通布岛和阿布穆萨岛，科威特和其他阿拉伯国家一道表示反对。伊朗伊斯兰革命后，科威特宣布承认伊朗霍梅尼政权。两伊战争爆发后，科威特呼吁伊朗通过和平谈判解决两伊争端。伊朗多次袭击科威特的石油生产设备。科威特开始支持伊拉克对抗伊朗，打压国内支持伊朗的激进宗教势力，驱逐国内的伊朗人。两伊战争期间，伊朗为报复科威特支持伊拉克，对科威特运油船和石油生产设施进行攻击。1988年，霍梅尼去世后，新任伊朗总统拉夫桑贾尼实行务实的外交政策，两国关系得到改善。伊拉克占领科威特后，科威特与伊朗的关系出现很大改观。伊朗在海湾战争期间同情科威特。战后，双方在经济和政治领域的互动和交流增多。1992年，两国国家石油公司签订协议，科威特石油公司向伊朗国家石油公司每年出口70万吨的原油制品。1997年，伊朗外交大臣韦拉亚提访问科威特，希望建立友好关系。1997年，科威特出席在德黑兰召开的第八届伊斯兰组织首脑会议。但双方在领海划分和海湾三岛问题上仍然存在较大矛盾。科威特反对伊朗在争议海域进行石油勘探，在海湾三岛问题上，科威特支持阿拉伯联合酋长国。进入21世纪后，两国关系的发展仍然受限。伊拉克战争之后，伊朗在地区的影响力扩大，科威特担心伊朗会威胁到科威特的国家安全。但双方也进行一些友好往来。从2001年开始，科威特和伊朗就从伊朗向科威特引水问题进行磋商，但是达成的一些协议都停留在纸面上。2006年，科威特埃米尔会见伊朗前总统艾哈迈德·内贾德，强调两国的友好关系。双方就划分大陆架，伊朗向科威特供气、供水问题进行磋商。两国之后又进行多次互访。2007年2月，科威特外交大臣穆罕默德·萨巴赫访问伊朗。同年6月，伊朗议长访问科威特。2008年1月，科威特外交大臣再次访问伊朗。2009年，科威特首相纳赛尔访问伊朗。之后，两国关系因受"伊朗间谍网"影响处于紧张状态。直到2011年5月，伊朗外交部部长萨利希访问科威特，双边关系才得到一定程度的缓和。2014年6月，科威特埃米尔访问伊朗，在与伊朗总统鲁哈尼会谈期间，双方在安全与航空服务、海关合作、体育、旅游、环保和可持续发展等领域签署合作协议和备忘录。

在伊朗核问题上，科威特承认伊朗有和平利用核能的权利，但是认为伊朗的核活动应该接受国际原子能机构的监督。科威特希望伊朗只将核计划用于和平目的，但也担心伊核问题升级危及自身安全，呼吁伊朗与美国达成和解。2015年7月，伊朗就核问题签署最重大历史性协议，科威特埃米尔给伊朗政府发去贺电，向伊朗达成协议表示祝贺。科方称赞该协议有利于地区的和平和稳定，有利于地区国家的发展。

（四）科威特与阿拉伯世界的关系

科威特在独立前就主张实现阿拉伯民族之间的团结，维护阿拉伯民族的利益。20世纪50年代，科威特反对英国利用科威特领土干预阿拉伯事务。独立前，科威特政府就开始支持巴勒斯坦的民族解放运动。1959年10月，巴勒斯坦民族解放组织中最具影响力、实力最强大的法塔赫（又称巴勒斯坦民族解放运动）在科威特正式成立。科威特支持阿拉伯国家联盟及其机构，支持巴勒斯坦问题的解决。

科威特作为一个阿拉伯国家，在独立后一直将发展同阿拉伯国家的关系作为其外交政策的核心，以谋求稳定的周边环境。科威特给予阿拉伯国家大量的无偿援助，除此之外，科威特在将西方国家作为投资重点的同时，也向阿拉伯国家积极投资，并且在投资效益不佳的情况下仍然维持对阿拉伯国家投资。

在影响中东地区稳定的阿以冲突问题上，科威特的政策经历了明显的变化。中东和平进程开启之前，科威特支持阿拉伯国家与以色列作战，向参战的阿拉伯国家提供人员、资金的支持。1967年第三次中东战争爆发后，科威特议会召开特别会议，同意向处于战争前线的阿拉伯国家提供财政援助。科威特参加了在巴格达举行的阿拉伯产油国石油部长会议，会议通过了支持阿拉伯国家的决议，禁止阿拉伯石油运往侵略或参与侵略阿拉伯国家的国家，对参与或帮助侵略阿拉伯国家的国家，阿拉伯产油国将对其在阿拉伯国家境内的公司资产进行评估。科威特等阿拉伯国家想以此警告西方国家，让其停止支持以色列。科威特禁止将石油运往英美两国。科威特通过此举对阿拉伯国家给予支持。

1973年第四次中东战争期间，科威特与其他阿拉伯国家一道采取限产提价、禁止向支持以色列的西方国家出口石油，支持阿拉伯国家的对以斗争。第四次中东战争之后，中东和平进程开启。科威特支持中东和平进程，主张在安理会决议、"土地换和平"和阿拉伯和平倡议的基础上解决巴以冲突，维护巴勒斯坦民族的合法权利。科威特敦促国际社会向以色列施压以停止改变耶路撒冷状况和在被占巴勒斯坦领土上建设定居点的政策，谴责以色列杀害哈马斯领导人，支持美国的中东路线图计划，通过和平方式解决巴以冲突。科威特在巴以冲突中支持巴勒斯坦，反对以色列侵犯巴勒斯坦的行径。2014年7月，科威特埃米尔对以色列轰炸加沙地带的行动表示谴责，呼吁国际社会制止以色列，对联合国没有制止以色列的表现表示遗憾。他建议国际社会共同制止以色列的侵略行为，给予巴勒斯坦人民支持和人道主义援助以结束巴勒斯坦人民在加沙所受的灾难。

科威特还主张建立海湾地区阿拉伯国家联盟。1981年5月，科威特积极参与海合会的创建工作。科威特主张海合会内部国家要加强合作，通过和平手段解决分歧和领土争端。科威特长期致力于发展同各个阿拉伯国家在各个领域的关系，关心阿拉伯民族的共同命运。中东剧变以来，科威特对其他阿拉伯国家的政策发生变化。科威特援助利比亚反对派推翻卡扎菲政权，还支持叙利亚反对派要求叙利亚总统巴沙尔下台。叙利亚内战引发严重的难民危机，科威特政府一直拒绝接收叙利亚难民，此举遭到国际社会的批评。

❀ 三、中科政治关系的稳步发展

中国同中东地区国家友好交往的历史源远流长，人民间的友谊深厚而牢固。中华人民共和国成立后，中国与中东地区国家的友好合作翻开了新的一页。中国坚持独立自主的和平外交政策，本着互利共赢的原则，为实现中东地区和平稳定，推动中东国家经济发展发挥了积极和建设性的作用。科威特是中东地区第一个同中国建立外交关系的国家。1971年3月22日，中科建立大使级外交关系。2016年是中科建交45周年。近半个世纪以来，中科关系发展顺利，各领域合作成果丰硕，人民友谊不断加深。中科友好关系始终走在中国同中东地区各国家交往的前列，双方已成为相互信赖的好朋友和真诚合作的好伙伴。

（一）建交前的双边关系

中科之间的友好交往，早在两国正式建立外交关系之前即已开始。1961年科威特独立时，中国政府曾立即致电祝贺，表示出希望两国建交的愿望。1963年中国通过驻埃及大使陈家康同科威特驻埃及使馆开始商谈具体建交事宜。但科威特于同年11月宣布与台湾地区"建交"，同时又表示愿意与中国保持外交关系。显然，这违背了中国政府关于"一个中国"的一贯立场，双方不可能就建交问题达成协议，但此后彼此仍有往来。

1965年2月，当时的科威特财政和工业大臣、后任第十三任埃米尔谢赫贾比尔·艾哈迈德·萨巴赫率团来华访问，受到了时任中华人民共和国主席刘少奇和总理周恩来的亲切会见，双方同意采取有效措施发展两国在经济、贸易和技术合作等领域关系，同时，萨巴赫与周恩来总理就中科两国建交问题进行谈判，并达成原则协议。同年6月，中国友好代表团赴科威特访问。1967年，中国在科威特首次举办经济贸易展览会。

（二）建交后的政治交往

1971年3月22日，中国与科威特签署联合公报，两国政府相互承认，建立了大使级外交关系，台湾地区驻科威特"使馆"随即被关闭。建交后，双方拥有了全面推进友好合作关系的基础和平台，彼此在政治、经贸、金融、劳务承包和技术合作以及文化等领域的交往稳步发展。同年10月，科威特在第二十六届联合国大会上对阿尔及利亚等国关于恢复中国在联合国一切合法权利的提案投了赞成票，此后，中国和科威特两国高层互访不断，相互关系稳步发展。

（三）中科政治互信不断加强

中科建交以来，两国关系稳步发展，中科两国的"关系定位"是友好合作关系。中国作为安理会常任理事国，一贯支持科威特的独立、主权和领土完整，支持科威特在解决海湾战争遗留问题上的合理要求。科威特在涉台、涉疆、人权等问题上给予中方坚定支持。在中国和科威特两国领导人的关心和重视下，中科两国双边政治互信持续巩固，中科友好关系朝高级别、深层次、多领域、制度化方向发展。

第一，中科两国政府高层经常会晤，各界人士频繁互访。1989年年底，中国国家主席杨尚昆应邀访问科威特，从而为20世纪90年代中国和科威特关系的稳步发展奠定了基础。1990年12月、1991年11月，科威特埃米尔先后两次访华。1991年7月，中国总理李鹏访问科威特。1993年9月，科威特国民议会议长艾哈迈德·萨敦访华。1995年4月，科威特王储兼首相萨阿德·阿卜杜拉·萨利姆·萨巴赫对中国进行正式友好访问。中国与科威特国家领导人在互访中就国际形势与双边关系坦诚地交换了意见，取得了广泛共识，双方还签署了多个加强经济、贸易、科技、文化等方面合作的文件。这些互动对双边关系的发展产生了重要推动作用。21世纪以来，中科两国在政治上的交往更趋深入。2004年7月5日至12日，应中国总理温家宝的盛情邀请，科威特首相萨巴赫·艾哈迈德·贾比尔·萨巴赫率科威特高级代表团对中国进行正式访问。2009年5月10日至12日，应中国国家主席胡锦涛邀请，成为科威特埃米尔的萨巴赫再度对中国进行了国事访问。萨巴赫访华期间，两国领导人在亲切、友好、坦诚的气氛中就双边关系及共同关心的国际和地区问题深入交换意见，达成广泛共识。双方一致认为，中科建交以来，两国友好合作关系不断发展，并取得丰富成果。双方一致同意继续加强这一关系，并相继发表了两份中国和科威特联合新闻公报。中国和科威特联合新闻公报标志着两国将进一步深化双方在各领域的友好合作，推动中科关系在新世纪取得更大的发展。

中国同科威特之间除了国家元首、政府首脑等主要领导人以外，中科两国政府各部部长及政府其他官员、社会团体领导人、经济界人士、作家、艺术家、科学家、教育家、工程技术人员的互访频繁。这些访问和交流活动不断转化为促进中科关系更上一层楼的新动力。

第二，中科两国友好合作形式多样，传统友谊不断深化。建交以来，两国关系稳步发展，在政治、经贸、军事、文化等领域均有形式多样的合作。海湾战争结束后，中国积极参与了科威特扑灭油井大火和经济重建工作，中国灭火队在三个月内顺利完成所承担的扑灭10口油井大火的任务。1996年7月，科威特王储兼首相萨阿德为中国云南丽江地区的地震和南方的水灾捐款50万美元。1998年夏，中国长江流域发生洪水灾害，当年9月科威特政府向中国的抗洪救灾捐款300万美元，是中国抗洪救灾期间收到的最大一笔外国政府捐助，充分显示了科威特与中国的友好关系。2008年，中国南方部分地区雨雪冰冻灾害及四川汶川特大地震灾害发生后，科威特领导人都向中国领导人致电慰问，科威特红新月会向中国地震灾区捐款10万美元。2010年4月，科威特领导人就青海玉树地震灾害向中国表示慰问。中科两国互信互助，友好合作关系不断深化。

第三，中科两国在国际事务中密切合作，相互支持。除双边关系外，中科两国在许多重大的国际和地区问题上有着相同或相近的看法，并一贯相互同情与支持。中国同科威特在联合国以及其他国际组织中，在各种国际场合，不断加强协调与合作，在国际事务中相互支持与配合，科威特在联合国有关人权、台湾地区、西藏等问题上，坚持原则，伸张正义，支持中国的严正立场。中国作为安理会常任理事国，积极维护中东地区的和平稳定，支持科威特的独立、主权和领土完整。1990年海湾危机期间，中国明确反对伊拉克侵占科威特，支持以埃米尔贾比尔为首的科威特政府的合法领导，敦促伊拉克无条件从科威特撤军，多次重申支持科威特在解决海湾战争遗留问题上的合理要求，应全面、切实执行联合国有关决议，尊重科威特与伊拉克的边界，理解并支持科威特在释俘、赔偿方面的要求，这一立场受到了科方高度赞赏。自中科建交后，科威特在台湾地区问题上坚持一个中国的立场，不与台湾地区发生官方关系。1994年，在中国奥委会敦促下，亚奥理事会主席谢赫艾哈迈德·法赫德决定不邀请李登辉出席在日本广岛举行的亚运会。1986年4月，台湾地区在科威特开设"中华民国"驻科威特商务办事处。1995年3月，在科威特政府的勒令下伪牌被摘除，改称"台北商务代办处"。2016年5月12日，中阿合作论坛第七届部长级会议通过《多哈宣言》。《多哈宣言》强调，阿拉伯国家支持中国同相关国家根据双边协议和地区有关共识，通过友好磋商和谈判，和平解决领土和海洋争议问题；强调应尊重主权国家及《联合国海洋法公约》缔约国享有的自主选择争端解决方式的权利。科威特外交部副大臣贾拉拉表示，科威特政府支持中阿合作论坛第七届部长级会议发表的《多哈宣言》中对南海问题的立场。科方认为，中国是在根据联合国宪章原则以及《联合国海洋法公约》，同有关国家磋商处理南海问题。贾拉拉高度评价了科中关系，并指出日本报纸关于科威特在中国南海问题上的立场是不实报道。

第四，中科两国建立了定期政治磋商制度，增进共识。中科两国关系自1971年建交以来一直发展顺利。两国外交部于1994年建立不定期政治磋商机制，并于1997年11月签署了《中华人民共和国外交部和科威特国外交部举行双边磋商谅解备忘录》。双方定期进行政治磋商，使政治磋商制度化，有助于双方彼此增进了解，增加共识，促进相互合作。

第五，政治关系的发展促进了中科两国在经济贸易、科教文卫以及军事领域的交往与合作。政治关系的发展不断为双方关系增添新的内容。中国同科威特签订了各种合作协定，涉及诸多领域。建交后，中科两国先后签订了贸易协定（1980年）、民航运输协定（1980年）、文化合作协定（1982年）、鼓励和保护投资协定（1985年）、体育合作协定（1992年）等协定。2004年和2009年，科威特埃米尔萨巴赫两度访华期间，两国共同签署了《中华人民共和国政府和科威特国政府经济技术合作协定》《中华人民共和国政府和科威特国政府在油气领域开展合作的框架协议》《环境合作意向书》《中华人民共和国政府和科威特国政府高等教育合作协定》《中华人民共和国政府和科威特国政府关于公路水路交通基础设施建设合作谅解备忘录》《中华人民共和国政府与科威特国政府2009—2010年度体育交流计划》《中华人民共和国政府和科威特国政府关于在油气领域开展合作的框架协议的换文批准书》《中华人民共和国与科威特阿拉伯经济发展基金会关于博斯腾湖流域水环境保护和治理项目贷款协议》等。这些协定的签署为双边关系开辟了新的合作领域，进一步巩固和发展两国友好合作，此外，科威特城与中国的广州、北京结为友好城市，为中科关系的发展又缔结了新的纽带。2017年2月1日至5日，圆满完成在亚丁湾、索马里海域护航任务的中国海军第二十四批护航编队应邀对科威特进行友好访问。
这是中国海军护航编队第二次访问科威特。编队到访期间，科威特的
报刊、电视台纷纷报道编队访问情况，盛赞中国海军编队的来访展示
了中国综合国力的强盛、维护世界和地区和平的担当和负责任大国的
形象。

　　中科建交四十多年来，双边政治关系稳步发展。两国政治互信不
断增强，务实合作持续深化，人文交流富有成效，在国际和地区事务
中保持着良好沟通和协调，业已成为相互信赖的好朋友和真诚合作的
好伙伴。科威特始终坚持奉行一个中国政策，两国在涉及对方核心利
益问题上始终相互理解、相互支持。作为海湾阿拉伯国家合作委员会
（海合会）重要成员，科威特为推动中国与海合会国家合作发挥了重要
作用，是中国与地区国家合作的友好典范及推动中阿集体合作的重要
力量。

第八章　经济

科威特位于北半球的热带沙漠气候带，荒漠占全国土地的绝大部分，全境气候恶劣，常年干旱少雨，淡水资源匮乏，不适宜发展农业，生活在陆地上的部落只能进行游牧生活。科威特濒临波斯湾，拥有良好的港口条件，科威特人也长期从事捕鱼、采珠和商贸活动。在石油资源被发现并大规模开采出口之前，科威特的经济落后。随着石油的勘探、开采和出口创收，科威特的经济面貌发生了翻天覆地的变化，由落后的农牧经济国家转变成富裕的产油工业国。

第一节　经济概况

🌸 一、海外投资经济发展策略的实施

科威特政府在发展石油经济的同时，很早就开始利用石油资本到海外进行投资以获得更大的经济回报，提升本国的财富，支持国内其他产业的发展。科威特将海外投资作为发展经济的另外一项举措。

在独立前的20世纪50年代，科威特政府就开始进行海外投资，科威特政府在伦敦的科威特投资局将石油利润的一部分用于海外投资，科威特成为海湾产油国中第一个进行海外投资的国家。科威特是世界上第一个建立主权财富基金的国家。独立以后特别是20世纪70年代以后，科威特通过石油出口赚取大量的外汇。从1979年起，科威特投资局开始在发达国家存款购买国债和房地产，并投资制造业、采矿业、农业和商业，以实施海外投资战略。美国是科威特进行海外投资的首

选地。科威特几乎涉猎美国所有的五百强公司，另外还在美国购置不动产。2001年"9·11"事件以前，科威特在美国的资产达到900亿美元。除了以传统方式拥有外国公司股份之外，科威特还直接购买英国的马丁房地产公司、德国戴姆勒-奔驰公司、美国科夫工业公司和加拿大铜钼矿的大量股票。

自20世纪80年代起，科威特的海外投资也逐步向东方国家转移，改变了以往单纯向西方国家投资的格局，但是西方国家仍然是科威特投资的主体对象。1987年，科威特投资局加大在欧洲的投资力度，购买了更多的优质股票。到1988年，科威特投资局持有英国石油公司21.68%的股份，但后来被迫缩减至9.9%。

通过海外投资，科威特获得丰厚的利润回报。从20世纪70年代末开始，科威特的投资收入开始快速增长，1978—1979财年，科威特的海外投资收入达到5.214亿科威特第纳尔，1980—1981财年，科威特的投资收入达到17.439亿科威特第纳尔。1981年，科威特的投资收入达到23.43亿科威特第纳尔，达到石油收入的52.27%。

1986年，科威特的国外收入达到80.74亿美元，首次超过石油收入。1987年10月，科威特的后代储备金达到462亿美元。1990年伊拉克入侵前，科威特投资收入在某些年份超过石油出口的收入，成为国家财政的一个重要来源。伊拉克入侵以前，科威特的海外投资和存款达到1 000亿美元。在科威特经济受国际油价波动影响时，投资收入可以起到缓冲作用，这从某种程度上降低了国家对石油出口的依赖，也支持了非石油经济产业的发展。伊拉克入侵科威特造成科威特石油工业受到严重摧残，石油收入损失750亿美元，海湾战争开支、战后重建共花费420亿美元，科威特因此举债55亿美元。投资收入是科威特在海湾战争期间的重要收入来源。正是国际投资的巨大收入使科威特能够在海湾战争后经济迅速得到恢复和发展。1994年经济恢复后，科威特重新向储备金注资。20世纪80年代，科威特三分之二的海外投资集中在西方发达国家，尽管收益明显，但也存在一定的政治风险。美国在1980年和1986年，分别以政治理由冻结科威特在伊拉克和利比亚的存款。科威特开始将部分海外资产向东亚、东南亚和东欧地区投资。

"9·11"事件之后，科威特减少在美国的投资，增加在亚洲国家的投资。科威特主要的投资对象是经济发展水平较高的中国、印度和日本等国。2008年，科威特政府宣布不再计划认购新的美国房产抵押债券。随着亚洲投资吸引力的增强，科威特将亚洲国家的股票、债券等作为重要的投资目标。2008年金融危机的爆发对科威特海外投资带来巨大的不利影响。科威特投资于欧美各国金融机构的股票股值大跌，其投资损失达400亿美元。

到2010年，科威特的主权财富基金达到2 953亿美元。2012年8月，科威特的国外资产价值达到3 200亿美元，相当于该国2012年国内生产总值的2倍。2013年，科威特在海外的直接投资达到84亿美元，比2012年增长2倍，连续两年成为阿拉伯国家最大的海外投资国。

2014年，科威特对外投资在阿拉伯国家中居首位。根据阿拉伯投资与出口信用担保公司发布的《2015年阿拉伯国家投资气候年度报告》的数据，2014年科威特的对外投资额达到130亿美元。2015年3月底，科威特的财政储备（主要用于投资国家储备基金和后代基金）约达到5 920亿美元。根据联合国贸易和发展会议在2015年6月公布的全球投资报告，科威特是中东地区最大的海外投资者，在全球排名第七位，位列中国香港、中国内地、俄罗斯、新加坡、韩国和马来西亚之后。

❧ 二、经济多元化政策的实践

独立以前，科威特经济就形成对石油的高度依赖。石油是不可再生资源，总有一天会枯竭。科威特除了石油之外没有其他资源。科威特政府很早就意识到这个问题，并开始考虑国家的长远可持续发展问题。独立后，科威特政府在政府制订的发展规划中就提出以石油产业带动经济多元化的发展战略。在制订的1967—1972年第一个社会经济发展五年计划中，科威特政府已经提出经济多元化政策。计划在经济实现每年6.5%的增长的基础上建立多元经济结构，减少国民经济对石油出口的过度依赖；实现比较公正的收入分配，开发本国的人力资源等。

科威特除了在国内开展业务外，还积极进行经营国际化，还在海外建立炼油厂，进行海外石油勘探和并购。伊拉克的入侵使科威特石油工业遭到严重破坏。海湾战争后，科威特的石油工业迅速得到恢复。科威特在海外大量购买炼油厂和加油站，实现石油加工和销售的国际化。

（一）石化工业的发展

科威特不是一味地依靠出口原油创收，而是很早就注重对石油工业下游产业的发展。科威特政府从20世纪60年代初期就开始通过发展石化工业来提升石油工业的产业链。科威特很早就利用石油伴生气生产氮肥和尿素等化工产品。科威特已经成为中东地区最大的尿素和氮肥生产地。1979年和1981年，科威特政府授权意大利公司在境内修建两家合成氨生产车间。1980年科政府对石油工业进行了重组。1982年年底，科威特石化工业公司与突尼斯国有马格里布石化公司合资在科威特境内建立日产量为1 000吨的磷肥厂。20世纪80年代，科威特的石化工业得到快速发展。1980年，科威特的一家三聚氰胺厂投产。

1985年，科威特在舒艾巴分别建成一座年产量为15万吨的食盐厂和一座年产量为2.7万吨的氯气厂，其主要产品包括盐、氯气、烧碱、盐酸和氢等。1989年，科威特石化工业公司和美国联合碳化公司合资生产聚乙烯。20世纪80年代，科威特国内化工产品的生产能力得到不同程度的提高。

海湾战争后，科威特政府大力支持石化工业的发展。1997年，舒艾巴石化联合企业的扩建工程完成，扩建工厂共花费20亿美元，由科威特石油公司和美国联合碳化公司合资承建。扩建后该企业的产能大大提升，一年可生产65万吨乙烯、45万吨聚乙烯和35万吨乙二醇。科威特将石化产业的发展国际化，与突尼斯、巴林和沙特阿拉伯等国进行生产投资合作。

（二）私营经济部门的发展

石油产业在科威特为国有企业，石油收入全部由政府控制，政府在此基础上进行再分配。科威特在控制石油收入的同时也采取措施支持私营经济部门的发展。政府采取的主要措施是通过大规模的土地购买计划，将大量的国家收入转为私人资本。土地购买计划是政府对收入进行再分配的重要手段。政府出高价收购各城市周围的土地用于基础设施、居民住房和工业建设，大量资金转入土地拥有者手中。这项工作从1952年就已经开始使科威特私人资本得到快速积累，私营经济部门得到快速发展，到1976年科威特已经拥有各种私营和公私合营企业1 489家。

　　20世纪80年代以来，科威特政府对非石油制造业的发展提供很多政策方面的支持。其主要措施包括由工业银行向私营企业发放长期低息贷款，提供廉价的工业建设用地和电力，鼓励私人向工业领域投资，加强基础设施建设，对与民族工业存在竞争的进口工业征收保护性关税，对某些进口商品的数量实行有选择的限制，在质量相同、价格不高于进口产品的价格10%的条件下，政府优先购买本国产品，对民族工业实行免税政策。

　　科威特利用石油产业获得的大量收入发展电力、海水淡化，进行基础设施建设，支持轻工业、农畜产品加工业的发展，改变国家单一的经济结构。20世纪80年代，国际油价下降对科威特经济的冲击使科威特政府更加意识到经济多元化的重要性。科威特在加强石油产业下游领域发展的同时因地制宜发展非石油产业，科威特的非石油产业主要包括制造业、建筑业和房地产业。科威特经济多元化的政策已经取得明显的效果，在农业、渔业、海水淡化、交通通信等领域都取得不错的成就。非石油产业产值占国内生产总值的比重已经达到或高于50%。科威特对于非石油产业的发展还采取建立产业园的方式给予支持。科威特在制造业方面也取得一定的成就。1996年7月，科威特在国内建成一家年产量为90万吨的氧化铝厂，其产品主要出口到阿拉伯联合酋长国和巴林。同年11月，科威特与美国合资建设一家年产量为23万吨的炼铝厂。1974—1984年，科威特的制造业年增长率为6.4%。1980年，科威特的制造业产值占国内生产总值的10%，1994年达到10.5%，到1997年提高到13.1%。到2010年，科威特制造业对国内生产总值的贡献为4.2%，就业人口占总劳动力数量的6.2%，但是科威特的工业品仍然主要依靠进口。科威特缺少发展除石油产业之外的现代工业的条件，主要原因有以下三个方面：第一，科威特本国缺少劳动力。首先，科威特本国人口少，不具备发展工业所需大量劳动力的人口基础。其次，科威特的高福利政策使本国公民养成养尊处优的生活习性，鄙视体力劳动，受教育群体更喜欢选择体面的工作。科威特受教育群体中超过一半是女性，而科威特的社会和政治传统造成大量的女性被排斥在就业岗位之外，加剧了本国劳动力的不足。再次，科威特政府对于外籍劳工比重过高的状况已经充满警惕，不可能再在非油气工业部门吸纳大量的外籍劳工。第二，科威特缺少除油气资源以外的其他资源，难以为工业发展提供原材料方面的支持。第三，科威特本国市场小，难以为工业的发展提供持续的推动力。

（三）农业的发展

农业方面，科威特在独立后利用石油收入大力支持种植业、养殖业和渔业等部门的发展。政府采取科技兴农措施，对农作物、牲畜进行科学育种，以适应科威特的气候、土壤等自然环境。政府还投资开垦土地，发展水利工程，并建立实验农场，引进无土栽培和温室栽培技术。新技术的使用使科威特的农业开发区域扩展到内陆，但是科威特的粮食供给一直依赖进口。

1982年，科威特制订农业发展五年计划，计划大幅扩大蔬菜种植面积和提高产量。1984年，科威特成立专门的农业机构——国家农业与渔业资源总局，改变了以往农业管理部门农业司隶属于公共工程部的局面。政府支持在国内大力兴建农田灌溉工程，保证了蔬菜的稳产。科威特的主要农产品是水果和蔬菜，经过发展，科威特的水果和蔬菜已经能够满足部分内需。

科威特政府还重视渔业的发展。1972年，科威特组建大型渔业公司——科威特联合渔业公司，该公司建立了能够在印度洋、红海和大西洋进行作业的捕捞船队。1983年，科威特的渔业捕捞量达到4 000吨，能够基本满足本国的需求。1987年，科威特制订20年渔业发展规划。政府拨大量资金加强渔业基础设施，科威特的捕捞量1993年为7 100吨，1995年增长到8 616吨，1997年增长到13 893吨。

科威特政府大力鼓励和发展畜牧业、私营家禽养殖业和乳制品业。在科威特，主要的养殖对象有鸡、牛、羊、骆驼等。科威特还在海外投资牲畜业。

（四）基础设施建设的快速发展

科威特独立后特别是20世纪70年代石油收入剧增，使政府有能力斥巨资支持国内交通运输和通信行业的发展。政府制订公路发展计划，科威特的公路建设包括国内公路建设和国际公路网建设。国内铁路建设主要连通全国各地，经过独立后40年的建设，科威特的国内公路已经很完善，2000年公路总通车里程达到4 796千米，已经形成连接全国城乡的交通网络。2004年，科威特的公路通车里程达到5 749千米。在国内建设的同时，科威特通过修建三条国际高速将本国与沙特阿拉伯和伊拉克相连。目前，科威特公路的建设已经达到国际先进水平。铁路方面，科威特的铁路建设在海合会的框架下进行。海湾铁路计划的总预算额是154亿美元，2011年开工，2018年完工。整个铁路计划形成包括科威特—沙特阿拉伯—巴林线、通过跨海大桥连接的多哈—巴林线、沙特阿拉伯—阿布扎比和艾因（Al-Ain）线、马斯喀特—沙哈（Sahar）线组成的铁路网，总里程达到2 117千米。2011年10月，科威特宣布成立专门的公司进行本国路段的铁路建设。

科威特还拥有发达的航空运输业。科威特航空公司创建于1954年。在伊拉克入侵前，科威特航空公司已经发展成为拥有21架客机、遍及四大洲的41条航线、员工达到6 500人、采用最先进技术设备的现代航空公司。运送旅客数量从伊拉克入侵前的200万增加到2001年的382万。科威特国际机场在1980年竣工并投入使用。伊拉克占领期间，科威特的客机要么被洗劫（15架），要么逃往伊朗被扣留（6架），机场基础设施被破坏。海湾战争后，科威特的航空运输业得到恢复。从1992年开始，科威特民航局实施更新机型、扩大空运机队的计划。到1997年，科威特拥有客机23架，航线47条，能够通达五大洲。到2012年，科威特的航空客运量达到274.1万人次。2013年，科威特航空公司向空中客车公司订购25架新型客机。

海洋运输方面，为了石油出口的需要，科威特政府在1973年对港口设施进行了彻底改造和升级。1979年，科威特政府对科威特油轮公司实施国有化，原油出口中尽量使用本国油船。从1987年到1992年，科威特先后向韩国和日本订购大型油船和液化气船。海湾战争后，科威特政府对遭伊拉克破坏的港口设施进行重建和扩建。1997年，科威特向韩国现代集团订购两艘30.9万吨级巨型油船。

科威特的通信业从20世纪70年代中期开始也得到快速发展。科威特先后引进世界上先进的通信技术和设备，卫星通信、光纤通信、无线电话和大容量数字交换机在科威特得到广泛应用。伊拉克的入侵使科威特的通信业发展受到暂时破坏。海湾战争之后，科威特的通信设施得到恢复，更先进的通信技术和设施也被逐渐引入。科威特铺设海底电缆，还广泛应用电子传输遥控技术，成功建设世界级水平的电信塔。科威特的电话网也不断得到更新和扩大，移动通信也得到快速发展，电话用户大幅增长。电话费成为科威特重要的非石油收入来源。

科威特从独立前就开始着手解决水资源短缺的问题。1914年，科威特建成第一家海水淡化厂。石油资源的开发使科威特有条件在20世纪50年代就开始大量兴建海水淡化厂。1971年，科威特的海水淡化量已经跃居第一位。伊拉克入侵期间，海水淡化厂遭到破坏，并于战后得到恢复。科威特还建造多处蘑菇状水塔储水以备高峰时使用。科威特还与邻国伊朗合作尝试进行境外引水，但是一直没有取得突破。目前，科威特所生产的淡化水已经能够满足国民的日常用水和经济发展用水的需要，这在海湾地区是一项了不起的成就。

20世纪70年代以后，科威特利用石油收入大力投资基础建设，国内建筑业迎来发展契机。科威特当时的工程承包主要由外国负责。从80年代开始，科威特开始计划实现建筑承包业的国有化，要求国内的建筑企业承担未来住房项目建设的80%，当时实际上并没有做到。20世纪80年代的低油价使科威特的经济受到打击，建筑业的发展也受到影响。科威特的建筑业发展与政府的福利住房政策有密切的关联，民众住房建设是科威特建筑业发展的持久动力。1994年，科威特政府新建苏巴希亚、多哈和海伊兰三座城市以缓解民众的住房压力。2005年，科威特政府出巨资建设马哈布拉居民区。2006年，科威特规划建设萨巴赫·艾哈迈德未来城住房项目，为科威特公民提供9 000套高标准住宅。

除民众住房建设之外，大型政府市政建设和旅游商业设施建设是推动科威特建筑业发展的另外一个重要因素。科威特的大型工程建设包括1998年竣工的新埃米尔办公大楼、20世纪90年代规划的科威特大学新校址、科威特市滨海大道开发改建工程和科威特石油公司新办公大楼工程。2005年，科威特投资建设法卡拉岛旅游项目和马哈布拉豪华娱乐场。2006年，科威特计划投资约875亿美元在法卡拉岛上建设名为"丝绸之城"的新卫星城。2009年，科威特政府批准组建国家核能委员会的立法草案，在推进本国的核计划方面迈出了重要一步。科威特试图利用核能发电并进行海水淡化。

（五）金融业的发展

在历史上科威特人就长期从事经商活动。科威特商人利用本地处于世界贸易通道的有利位置开展以外贸和贩运为主的商业活动。经商是历史工业发展以前科威特人的重要谋生手段。科威特人有经商的传统，并积累了丰富的经商经验。国家独立后，科威特政府实行自由经济政策，政府不干预经济活动，但是不允许国外资本控制科威特的资源。科威特位置优越，港口条件良好，金融贸易政策开放，商业和外贸活动持续保持活跃，因此科威特拥有发达的金融业，很多银行业务已经扩展到其他海湾国家。

科威特国民银行（The National Bank of Kuwait）的业务遍及黎巴嫩、约旦、伊拉克、埃及、巴林、卡塔尔、沙特阿拉伯、阿拉伯联合酋长国及土耳其等国。在穆迪、标准普尔等国际评级机构的评价中，科威特国民银行获得好评并位居海湾地区之冠，连续多年跻身全球50家最安全银行之列。科威特资本市场发达，其主要包括银行、保险公司、各种基金和非营利性金融机构。独立以前，科威特的股票交易就已出现，但规模较小，其活动范围仅限于科威特公司股票的私人交易。独立后，随着石油收入的增长、投资业的发展和"金融化"战略的实施，股票市场的规模不断扩大，管理机制日渐完善，一个活跃的证券市场在科威特蓬勃发展起来，20世纪80年代初，其规模已居世界第八位，成为海湾地区股票交易中心。以金融业为主导的服务业收入成为科威特的重要收入来源之一。海湾战争沉重地打击了科威特的金融业，使科威特丧失了海湾地区金融中心的地位。2010年，科威特议会批准2010—2014年经济发展计划，目标是将科威特建成地区金融和商务中心。金融业、房地产业和基础设施建设是科威特政府的重点投资领域。在科威特政府制订的2035年远景规划中，科威特政府计划通过加大资金投入，恢复科威特在海湾地区和中东地区金融中心的荣光。

科威特还注重在海湾国家的金融投资。2014年，科威特投资公司在海湾市场投资500万科威特第纳尔。2016年，科威特完成证券交易所的私有化。

（六）其他方面

受制于本国干旱的自然环境、匮乏的人文资源，科威特的旅游业发展有限，在国民经济中的地位不高。科威特国民出国旅游很普遍，但科威特境内缺少吸引外国游客的著名景点。

科威特在保护民族经济的同时也积极对外开放，加强区域合作，融入全球化。20世纪70年代中期，科威特实现石油国有化。20世纪80年代，海湾阿拉伯国家合作委员会成立，科威特也加强与委员会内部国家之间的经济合作。1995年1月1日，科威特成为世界贸易组织成员，实行自由开放的贸易政策，对外汇不进行管制，进口关税一般执行海湾合作委员会规定的5%。对外贸易在科威特的国民经济中占有重要地位，科威特国内所需要的生产、生活资料基本上依赖进口。科威特的出口产品主要有石油、成品油和化工产品，石油及其产品的出口额占科威特每年出口总额的90%以上。科威特的主要贸易对象国是美国、日本、中国、英国、德国、韩国、沙特阿拉伯及阿拉伯联合酋长国等。

2010年，科威特政府批准实施《2010—2014年科威特发展计划》，计划实施的目的是要推动科威特国民经济的多元发展，提高私营经济在国民经济中的地位。2011年，政府制定私有化法，鼓励私人投资。2014年，科威特政府出台新的五年发展计划（2015—2020年）。该计划的重点是促进私营经济的发展，使其在国民经济中发挥更大的作用，实施重大项目，推动国家的发展。

2013年，科威特私营部门对经济发展的贡献率达到37%，在2014年达到44%。2016年7月，科威特政府开始考虑对国民经济的支柱——石油行业实行私有化，向公众出售部分石油部门的股份。科威特政府希望通过向公众部分出售石油股份来提高私营部门的经济参与度、削减国家赤字。但是总体发展不尽人意，主要原因是科威特国有经济部门对全国经济的过度垄断造成市场机制发展不健全，不能为私营经济的发展提供良好的市场环境。此外，科威特政府和议会之间的互相掣肘和斗争造成国家支持私营经济部门发展的政策大多难以得到实施。

❖ 三、新时期科威特的经济发展

科威特的国民经济发展严重依赖于对外贸易。科威特经济发展主要依靠原油和石油产品的出口和利用石油收入进行对外投资。科威特的日常生产和生活用品大部分依赖于进口。科威特进口的主要商品包括粮食、食品、服装、工业制品等。科威特对外贸易中盈余是一种常态。石油创汇和对外投资创汇是科威特保持盈余的两大重要因素。2012 年，科威特的贸易顺差为 267.2 亿科威特第纳尔，2013 年为254.42 亿科威特第纳尔。1987—2011 年科威特国际收支变化表如表 8-1所示。

表 8-1   1987—2011 年科威特国际收支变化表

单位：亿美元

年份	1987	1988	1989	1990	1991	1994	1995	1996	1997	1998	1999	2008	2009	2010	2011
顺差	32.84	17.09	49.87	31.79	−39.93	46.69	55.79	69.97	65.34	19.04	50.62	640.1	343.9	479.1	823.4
收支		46.02	91.36	38.86	−264.8	32.27	50.16	71.07	79.35	22.15	50.62				

在经济全球化时代，提高开放程度以吸引外资是后起国家实现经济发展的必由之路。进入 21 世纪后，科威特在进行海外投资的同时，也吸引国际资本到本国投资，提升本国的经济发展水平。吸引外国投资可以将国外先进的技术和管理经验引入科威特，提升经济发展水平。科威特政府制定一系列政策鼓励外国来科威特进行投资。2001年，科威特颁布《外国投资法》《合营公司法》《自贸区法》等法律。2003 年，科政府签署《外国直接投资实施细则》，该细则允许在科威特建立外商独资企业，外商独资企业可享受在 10 年内免税的优惠政策。外国投资者可以以各种方式灵活进行投资经营，不需要当地代理。政府向投资者赠予土地，对于企业在进行建设时所需的各种材料在税收上给予免税或者税收优惠。外商独资企业不会被无偿没收和征用，其利润可以自由汇出境外，保护外企专利和机密。尽管科威特本国的资本很充裕，但是其吸引外资的能力有限。2014 年下半年油价下跌之前，科威特连续多年出现公共开支的增长速度超过财政收入的增长速度的情况，加大了政府财政赤字出现的风险。从 2003 年到 2014年，科威特财政支出年增长率为 20.4%，收入年增长率只有 16.2%。自2014 年以来的财政收入下跌，使科威特对外国投资的需求增加。

科威特政府实施的 2015 年到 2020 年五年发展计划重点是推进经济改革，推动私营部门的发展，解决私营部门和国营部门之间发展不平衡的问题。科威特在计划中要实施的项目包括地铁、机场、铁路、海岛开放和自贸区建设等。

自2014年6月以来，国际油价的持续低迷造成科威特政府的财政赤字。2014年，科威特的贸易顺差与2013年相比下降18%，仅为695.9亿美元。2014年科威特的石油出口额为268亿科威特第纳尔，同比下降12%。但是科威特的经济总体上保持稳定。这一点从科威特国民银行的财政状况上得到反映。根据科威特国民银行发布的2014年财务报告，其净利润为2.618亿科威特第纳尔（约8.942亿美元），同比增长10%。到2014年底，科威特国民银行的总资产达218亿科威特第纳尔（约744亿美元），同比增长17.1%。在国际三大评级机构穆迪、惠誉和标准普尔的评比中，科威特国民银行在中东地区各银行中排名最高，连续9次被环球金融评为全球最安全的50家银行之一。

2015年前10个月科威特的原油出口价格从2014年的每桶100.9美元下降到每桶50.79美元。2015年的贸易顺差创下十年新低，根据科威特中央统计局的数据，2015年科威特原油及石油产品的出口总额为147.1亿科威特第纳尔，同比下降45.1%。该年，科威特石油产品出口额占总出口额的88.7%，占贸易总额的56.2%。受石油出口收入降低的影响，2015年，科威特的外贸额同比下降42%，仅为261.9亿科威特第纳尔。其中出口额为166.1亿科威特第纳尔，同比下降37.6%；进口额为95.8亿科威特第纳尔，同比增长8.7%，贸易顺差为70.3亿科威特第纳尔，同比下降64.7%。尽管科威特的石油收入与2014年相比下降了很多，但是国际社会对科威特的财务状况评价较高，国际货币基金组织主席拉加德认为科威特的财务状况非常好，对科威特政府通过进行经济改革维护公共财政稳定、经济收入来源多样化、促进私营经济发展的举措表示赞赏。全球信用评级机构惠誉将科威特国民银行长期信用评级为"AA－"，在西亚、北非地区评级最高。在英国智库列格坦研究机构2015年11月发布的2015年"繁荣指数"排名中，科威特在阿拉伯国家中排名第二，全球排名第三十六位。

科威特2015年财政收入的93%来自石油收入。2015年科威特政府提高了燃油和煤油的价格并减少对航空燃料的补贴。科威特政府对能源的补贴占到国内生产总值的7.79%。科威特政府还降低了科威特人出国医疗和亲属陪护的津贴以及政府人员的出差津贴和其他津贴。同年11月，科威特计划发展事务大臣辛德与政府和议会成员讨论预算可持续发展问题，对如何解决工资和补贴增长过快的问题进行了探讨。

针对2014年以来科威特经济面临的问题，世界银行经济学家桑特亚南·德瓦拉简认为科威特经济的问题不是由于石油收入下跌造成的财政赤字，而是后石油时代的经济前景困境。科威特需要进行基础性的改革，实行开放经济，给中小企业的发展创造更多的机会，引导经济的多样化发展。他认为创造有竞争力的私营经济是科威特发展的关键一环，科威特90%的国内劳动力集中在政府机构是不合理的。科威特应该更加开放银行业，引入竞争机制，允许外资银行在境内扩展业务，为中小企业的发展提供更多的资金。管理好石油收入为后石油经济时代做好准备是科威特经济的主要挑战。

2014年12月，科威特政府出台法令，执行中小企业基金执行细则，主要目的是促进中小企业发展。法令规定科威特公民创建注册资金50万科威特第纳尔以下的企业就可以申请中小企业基金。

2015年，科威特支持中小企业基金会与世界银行签订协议。政府通过支持帮助中小企业的发展，推进国民经济发展的多元化。协议内容包括世界银行为中小企业基金会提供专业支持，基金会为中小企业的发展创造有利的发展环境，支持国内创业，促进年轻群体的工作就业，筹建中小企业一站式服务系统。科威特政府还为外国企业在科威特的投资提供良好的法律保障，允许在科威特建立分公司的外企拥有全部所有权。科威特注重教育投入的效率，使教育的发展与国民经济的需求相匹配，培养技术型人才。

科威特政府将补贴合理化和收入多样化作为经济发展的重要目标。石油收入的急剧减少使科威特面临严重的财政问题。科威特政府开始研究优化补贴政策，以实现科威特经济的可持续发展。科威特政府制订的2014年新五年发展计划中包含削减科威特患者海外就医的预算的款项，该规定却遭到一些批评。

科威特政府开始逐步推进水、电和燃油补贴的削减工作。在石油收入减少的情况下，埃米尔在2016年初宣布削减宫廷开支规模。

2015年底，科威特政府开始讨论对布比延岛、费莱凯岛等五个海岛的开发计划，计划通过引入国内和国际资本将五个海岛打造成海湾地区北部和科威特的经济文化门户，建立自由贸易区。

　　科威特政府应对油价下跌带来的不利经济局势的一大对策是通过大规模的基础设施建设拉动和促进经济的发展。2015年，科威特授标项目总额达300亿美元，处于前期执行阶段的项目金额有1 370亿美元，规划的项目的总额约有2 300亿美元。其中的大型项目包括海澜发电与海水淡化项目、乌姆·海曼污水处理厂项目和开比德固体垃圾处理项目。

　　科威特2015—2016财年的预算总支出为183亿科威特第纳尔，总收入为130亿科威特第纳尔，扣除13亿科威特第纳尔作为后代基金，科威特的预算赤字为53亿科威特第纳尔。根据科威特国民银行提供的数据，科威特2015—2016财年前9个月，科威特财政总收入114亿科威特第纳尔，比上财年减少46.3%。其中石油收入105亿科威特第纳尔，同比减少45.8%，创十年来最低，但仍占总收入的92.1%；非石油收入9亿科威特第纳尔，同比下降52.2%。

　　科威特政府在2016年提议提高水价，但是遭到议会的否决。2016年，科威特财政大臣阿纳斯表示今后三年科威特政府的财政赤字将达到220亿科威特第纳尔，但是科威特不会选择从后代基金中提取资金来弥补财政赤字。低油价对科威特的经济影响比较明显，国际社会对科威特经济发展状况的前景不看好。2016年3月，国际信用评级机构穆迪将科威特的债务评级列入降级观察名单。但穆迪对科威特金融的稳定性给予很高评价，科威特国民银行长期全球本国货币评级被评为Aa3，在西亚、北非地区评级最高。

　　私有化是科威特政府经济改革的重要举措之一。2016年，科威特政府提议对邮政、长途电话和固话及其基础设施进行私有化的改革。科威特政府致力于通过吸引外资来实现经济发展的转型，将科威特打造成金融和商业中心。2016年年初，科威特宣布将成立新的主权财富基金，专注于国内投资。

　　科威特2016年原油平均出口价格为每桶39.3美元，比2015年下降18.3%。低油价对科威特的经济稳定产生不利的影响。2016年4月17日—20日，科威特石油工人发起持续三天的大罢工，此次罢工由科威特石油工人工会领导，他们不满科威特石油部采取通过削减工人的福利来缓解为财政紧缩状况的举措，呼吁政府废除削减工人福利和工资的计划。罢工造成科威特石油产量下降60%，给科威特造成1.75亿~

2亿美元的经济损失。科威特政府选择以谈判的方式应对工人罢工。

根据科威特2017年年初发布的国家预算，2017—2018年科威特预计支出212亿科威特第纳尔，收入为133亿科威特第纳尔，财政赤字预计为79亿科威特第纳尔。科威特政府在2017年实施建设"新科威特"的国家发展战略。战略的主要内容是着力打造更有效的政府行政能力、可持续和多样化的经济、先进的基础设施、高质量的医疗保障、有创造力的人才队伍、可持续的生活环境和科威特杰出的国际地位。

科威特经济发展的一大成就是科威特长期保持低失业率。从2010年到2015年，科威特的失业率只有2%，是全球失业率第三低的国家，仅仅高于白俄罗斯和泰国。但是科威特面临的问题是长期的高福利和拥有体面工作的过去让今天科威特年轻人多数不愿意到私营企业工作。根据科威特时报在2016年4月19日的报道，58%的科威特籍失业人口拒绝到私营部门工作，他们选择等待到公共部门工作的机会。科威特未来的可持续发展有赖于通过本国教育培养高技术人才，降低对外籍劳动力的依赖。

科威特在进入石油工业经济时代后经济发展的一个特征是经济改革的推进与国际油价的高低密切相关。当油价下跌影响到科威特的财政收入和经济正常运行时，科威特政府就开始着手进行经济改革，提升私有经济部门的地位，推进国民经济发展的多元化。而当油价上升且国家财政充裕时，科威特的经济改革计划就会被搁置而推进艰难。

❀ 四、科威特未来经济发展面临的挑战

科威特政府在新时期制订经济发展计划，并积极采取措施实现经济的长远发展。但是科威特未来经济的发展仍然面临多重的挑战。

第一，全球经济持续低迷。科威特经济属于外向型经济，受全球经济形势的影响更加明显。科威特的原油和石化产品主要依靠出口，全球经济低迷造成对石油的需求大大下降，导致国际油价的大幅下跌。科威特的石油收入将大幅减少，国内财政收支将失衡。科威特的对外投资收入也依赖于各国经济的发展，各国经济发展速度的减缓将严重影响到科威特的对外投资收入。近期全球经济的低迷态势将持续很长时间，国际货币基金组织对全球经济的复苏和发展明显信心不足。科威特收入的两大来源——石油出口创汇和投资收入将受到明

显的负面影响。

第二，中东地区形势的恶化。自2010年中东剧变开始至今，中东地区局势持续恶化，"伊斯兰国"严重冲击了中东地区的民族国家格局，对叙利亚、伊拉克和利比亚等国的国家主权和领土完整产生了巨大的冲击，还造成欧洲安全局势的恶化；以沙特阿拉伯为首的政治力量和以伊朗为首的政治势力在叙利亚和也门等国展开长期争夺；叙利亚内战短期内难以终结，由叙利亚内战引发的难民危机不仅影响中东地区各国经济的发展，也对欧洲经济发展产生了不利的影响；周边局势的恶化，不利于科威特经济的发展。

第三，世界能源革命给产油国带来的挑战。世界能源革命特别是作为世界第一经济体的美国页岩油革命对像科威特这样的产油国的经济发展前景带来不利的影响。经过长期的技术攻关，美国在21世纪初迎来页岩油生产重大的突破。从2007年到2014年，美国页岩油生产力以每年30%的速度增长。2014年，美国的页岩油日产量达到450万桶，是美国当年石油需求的2倍。未来，美国的页岩油出口势在必行，但是产油国和美国之间存在明显的竞争关系，目前的低油价不利于产油国创收，但在低油价的格局下美国的页岩油因为生产成本高的原因难以实现出口，而一旦油价上升到一定水平，美国页岩油将会量产出口，挤占产油国的市场。能源革命给科威特带来的是结构性的挑战难以回避。

第四，长期依赖于石油经济造成科威特经济的改革和转型困难。科威特的私营经济部门长期得不到好的发展。私营经济的发展需要充足的资金、良好的市场环境、大量高素质的劳动力和足够的技术做支撑，这些条件科威特短期内难以满足。

第二节　石油业

❦ 一、独立前科威特石油工业的发展

科威特石油经济发展模式在国家独立前就已经确定。科威特石油经济的产生主要受两方面因素的影响：英国对石油利益的追逐。随着

第二次工业革命的开展，石油在工业中的地位得到提升，改变了原来仅有的照明和医疗用途。世界范围内对石油的需求量逐渐增加，英国在世界范围内首先将石油应用到现代军事领域。英国当时维持世界上最强大的舰队，最先用石油取代煤炭作为海军军舰动力燃料。英国加大对海湾地区潜在的石油资源的勘探和控制。从1911年起，英国开始勘探科威特境内油田。英国派出石油地质领域的专家，对科威特境内的布尔甘高地进行调查，认为布尔甘油田今后有可能成为世界上最大的油田。1914年，英国在中东地区石油利益的代表英波石油公司再次对布尔甘高地进行考察，但由于第一次世界大战爆发、科威特埃米尔的去世以及英美石油公司在科威特的争夺，英国的地质勘探没有取得明显的进展。

20世纪20年代，日本人造珍珠产业的发展沉重打击了科威特的经济，科威特酋长被迫寻找新的财源，这为以英国和美国为代表的国际石油财团的进入提供了良机。英美两国分别通过英国波斯石油公司和海湾石油公司参与科威特的石油开发，双方展开激烈争夺。1928年《红线协定》签署标志着英美两国共同拥有、联合开发、瓜分中东石油的开始。1933年，英波石油公司和海湾石油公司达成妥协，双方合作以各占50%股份的形式组成科威特石油公司来分配科威特的石油权益。之后的1934年12月，科威特石油公司与埃米尔艾哈迈德签署土地租让协定，协定内容是由科威特石油公司获得在科威特全境开采石油的特权，租让期限为75年。这时的石油开发租让区域仅限于陆地，且不包括中立区。1936—1937年，科威特石油公司在科境内打出第一口勘探井，但是没有发现有商业价值的油田。1938年，该公司在布尔甘开发第二口油井，油井日产量达到4 343桶。1938年，科威特境内发现大油田，该油田由科威特石油公司与英波石油公司和海湾石油公司合作在科威特城以南40千米的布尔甘地区发现。1938—1942年，科威特布尔甘地区先后钻探出8口油井，布尔甘油田被证实是世界级的特大油田。但是受第二次世界大战的影响，科威特的大规模石油开发一直到战后才开始。1945年科威特开始重新进行石油开发，1946年科威特石油开始商业性出口。

石油收入开始成为科威特最主要的财政来源，科威特依赖石油经济的发展模式已经初步形成。1951年，科威特石油公司先后在马格瓦和艾哈迈迪地区发现有商业价值的油井。1954—1955年，该公司又在科威特西北部地区发现大油田。1959年，科威特石油公司发现米纳吉什油田。

随着大油田的相继被发现，科威特在20世纪40年代后期到50年代成为世界上举足轻重的产油国。1945年科威特石油的探明储量为12.4亿吨，占世界储量的15.5%，仅次于美国，居世界第二位。到1955年，科威特石油的探明储量达到69.7亿吨，居世界首位，科威特世界第一石油储量国的位置一直保持到1965年。

1948年，科威特原油产量达到600万吨。对科威特中立区的石油勘探和开发分别由美国独立石油公司和日本阿拉伯石油公司进行。1948年，美国独立石油公司获得在中立区属于科威特部分开采石油的权利，土地租让期是60年。1951年，科威特石油公司与科威特政府签订的土地租让协定再延长17年。1952年，科威特成为海湾地区最大的石油出口国。1958年，日本阿拉伯石油公司获得波斯湾中立区中属于科威特部分海域的石油开采权，租让期为44年半。1953年3月，美国独立石油公司发现沃夫拉油田，1960年1月，日本阿拉伯石油公司发现卡夫吉油田。

20世纪70年代中期以前，科威特的石油资源主要掌握在英美等国的国际石油财团手中，科威特政府从石油中获得的收益有限。当时中东地区民族运动特别是伊朗石油国有化运动鼓舞了科威特争取本民族石油权益的斗争。20世纪50年代中期，科威特与英美石油财团达成协议，科威特获得石油利润对半分成的权益。伊朗石油国有化运动期间伊朗与英国的斗争使伊朗石油的出口停滞，科威特石油工业迎来大发展。科威特的石油年产量到1956年达到5 400万吨，成为当时中东最大的产油国。独立前，科威特已经建成两座大型炼油厂，分别是1946年建成的艾哈迈迪港炼油厂和1958年建成的阿卜杜拉港炼油厂。

❖ 二、科威特的石油国有化

1961年科威特获得独立后，先后通过提高土地出让租让金、参股联营和赎买等温和方式在20世纪70年代中期将石油资源收归国有，成为阿拉伯产油国中第一个实现石油国有化的国家。1962年，科威特从各国石油公司中收回9 262平方千米的租让地，全部交给国家石油公司勘探开采。1966年，石油收入占国内生产总值的61.5%，成为科威特国民收入的主体。1967年第三次中东战争前后，很多阿拉伯产油国计划乘机实现石油国有化，但科威特、沙特阿拉伯等海湾君主国采取激进措施进行石油国有化。

1969年，科威特的舒艾巴炼油厂建成。1974年，科威特成立最高石油委员会，负责制定和审查石油政策。1975年，科威特政府出资3 200万英镑对海湾石油公司和英国石油公司的资产进行赎买，完成石油国有化。

20世纪70年代，国际油价的攀升和石油国有化使科威特政府的石油收入急速增加。科威特积累了丰厚的外汇储备，成为富裕的产油国。1972年，科威特的原油产量达到1.28亿吨，1975年，石油收入占科威特国内生产总值的70%。1981年，科威特的人均GDP达到2.09万美元，仅次于卡塔尔和阿拉伯联合酋长国，居世界第三位。科威特也建立起当时世界上最先进的石油生产工业，科威特石油公司成为世界上著名的石油公司，位列世界第十二位，石油经济发展模式最终在科威特奠定。20世纪70年代，科威特的人类发展指数在所有阿拉伯国家中居于最高水平。20世纪80年代，受金融危机和世界油价下降的影响，科威特石油收入减少，在国内生产总值中的比重仅为30%。科威特在面对低油价时首先主动限产，石油产量由20世纪70年代日产300万桶下降到80年代日产不到100万桶。1972年，科威特从西方政府手中收回天然气资源，并实现对石油资源的充分利用，利用石油伴生气进行发电和海水淡化，使本国民众能够长期享受低电价和低水价。而在历史上，西方石油公司在开发过程中对石油伴生气不加以利用，大多直接被烧掉，资源浪费严重。

在伊拉克入侵以前，科威特一直是世界上主要的石油生产国和出口国。20世纪80年代开始，科威特的石油勘探活动明显增加，探明的石油储量剧增。其石油探明储量从世界第三位上升到世界第二位。但由于低油价和科威特政府的限产和减产，科威特的石油产量明显下降。

1980年，科威特对石油工业进行重组，成立科威特石油公司。该公司由石油大臣兼任董事长。科威特石油公司包括四家子公司，并负责协调其他国有石油公司。1986年，科威特石油部与工业部分离，负责石油勘探和开发业务。20世纪90年代初，科威特成为国际石油巨头。该公司在科威特、荷兰、意大利和丹麦等国拥有多家炼油厂。

海湾战争以前，科威特已经改变仅仅作为一个原油出口国的落后局面，从石油产业的上游走向下游，成为现代石油工业国，进入高附加值石油制品出口国的行列。独立以前，科威特国内就开始建炼油厂。1949年，科威特石油公司在米纳艾哈迈迪建立第一家炼油厂，生产煤油和粗柴油，供国内需求。1953年，该公司又在科威特建造一家沥青厂。1958年，美国独立石油公司在科威特建立炼油厂，生产燃料油和石脑油。但是在科威特将油气资源国有化以前，炼油厂都控制在外国石油公司手中。

从1967—1968财年到1971—1972财年的五年计划中，科威特政府每年对石油工业中的下游业务和石化工业投资25亿美元。随着1973年世界油价的上扬，科威特政府加大对石油工业下游业务的投资力度。在1976—1977到1981—1982财年的五年计划中，科威特每年向石油高附加值业务投资150亿美元。

从20世纪80年代初开始，科威特从经济结构调整和提高石油工业收益的考量，对艾哈迈迪港炼油厂、阿卜杜拉港炼油厂和舒艾巴炼油厂进行扩建和升级。经过改造和提升，科威特的炼油能力得到很大的提升，能够出口更多的高质量石油产品。科威特开始逐年减少原油的出口而增加石油产品的出口，科威特的石油工业水平得到大的提升。

进入21世纪以来，科威特政府在规划石油工业发展过程中，一方面注重提高石油产量（科威特提高石油产量主要举措有开发国内以前很少开发的重质原油，恢复对中立区油田的开发，提高现有油田的产量），另一方面加大对石油下游产业的投入，使科威特成为中东地区最大的清洁能源生产国。科威特对旧炼油厂进行改造，同时兴建新炼油厂。2012年年底，科威特国家石油公司启动中东地区最大的炼油厂的建设计划，以提高本国高质量石油产品的生产能力，开拓新市场。

❀ 三、国际化石油经营战略

科威特还实行石油经营国际化战略。科威特在国外收购炼油厂和加油站，在国外进行石油勘探和开采，投资建立炼油厂等以增加收入。科威特成为欧佩克中第一个实行跨国经营石油开发的国家。科威特政府采取的主要措施是成立海外石油勘探公司、并购海外企业和建立国际石油产品分销系统。1981年，科威特石油公司成立科威特国外石油勘探公司，购买摩洛哥2.2万平方千米土地中22.5%的开采权，还收购美国桑塔菲国际公司，科威特开始具备进入石油产业下游的能力。之后，科威特石油公司的国际业务大大拓展。1988年，科威特在意大利的子公司科威特意大利石油公司收购意大利炼油厂润滑油分厂。1995年，科威特与印度石油公司合资在印度建立炼油厂，项目总投资额为26亿美元。1997年，双方完成项目可行性研究。科威特石油公司在海外的发展是海湾战争期间科威特的重要收入来源之一。

现在，科威特石油公司的业务已经扩展到亚洲、非洲、大洋洲、欧洲和美洲地区。伊拉克、也门、巴基斯坦、印度尼西亚、中国、越南、泰国、马来西亚、摩洛哥、突尼斯、埃及、刚果、澳大利亚、意大利和美国都有科威特石油公司的业务。

科威特的国际石油分销系统主要建立在欧洲。从20世纪80年代起，科威特石油公司开始在英国、意大利、瑞典、丹麦等欧洲国家购买石油公司的加油站和炼油厂，并于1983年年底成立科威特国际石油公司统一负责石油产品的销售。1986年，科威特国际石油公司把其在欧洲销售的石油产品改用"Q8"新商标。到1987年3月，科威特在欧洲拥有4 800个加油站。1988年，科威特在西欧地区的炼油能力达到每年1 150万吨。1991年，科威特石油公司将石油产品的销售业务扩展到匈牙利，在匈牙利建设了17个Q8加油站。到1995年，科威特在西欧的加油站达到6 400个，日均销售石油产量达到40万吨，年销售量达2 000万吨。

🌸 四、海湾战争后石油工业的发展

1990年伊拉克的入侵使科威特的石油产业遭受惨重损失。战争使科威特950多口油井中的800多口遭到破坏，600口油井在伊拉克军队撤退时被点燃。科威特的三个大型炼油厂遭到伊拉克的破坏。1991年，科威特原油的日均产量为18.9万桶，不到历史最高水平的6%，石油出口一直到该年下半年才开始。科威特炼油厂被破坏，使科威特只能进口油品来满足国内的需求。港口设施和石油采集地被破坏使石油出口受到严重影响。

科威特在战争期间的直接损失达到750亿美元。科威特政府为多

国部队对伊拉克作战承担了220亿美元,战后重建又花费200亿美元。科威特的海外资产缩水一半,减少到450亿美元。科威特从国际上获得55亿美元贷款。

海湾战争还打击了科威特在海湾地区贸易中心的地位,其贸易中心地位被取代。

战后,科威特开始石油工业的重建工作,到1994年,科威特的石油工业基本恢复到战前水平,一次性还完55亿美元贷款。到目前为止,科威特仍然是世界上最重要的产油国和石油出口国之一。科威特采取的主要措施是扩大产能,增加石油出口。扩大产能的主要方式有钻探新油井、重启停产油井、恢复被破坏的油井和引进国外先进技术,提高老油田的采收率。

随着2000年以后国际油价的上涨,科威特政府的改革措施放缓。进入21世纪,得益于油价的上涨,科威特国内生产总值增长很快,从2001年的329亿美元增长到2008年的1 473.91亿美元。科威特石油产量明显受到地区安全局势和国际油价的影响。2003年的伊拉克战争使科威特的石油产量降低,2008—2009年国际金融危机造成全球经济低迷,石油需求量降低,科威特石油产量随之降低。2011年,为弥补利比亚战争危机造成的国际石油供应的短缺,科威特石油产量大大增加。

科威特的天然气储量占世界的1%,开发得比较晚。科威特直到1976年才开始对天然气资源进行利用,主要是利用伴生气生产液化天然气。生产出的液化天然气用于出口或者回填油井,而液化天然气的回填可增加油井压力以提高产量。21世纪以前,科威特国内对天然气的需求量有限,主要将天然气出口。20世纪90年代末,科威特国内对天然气的需求量增大,科威特政府开始加大对国内天然气的勘探力度,同时和外国合作进口天然气以满足国内天然气的需求。2006年,科威特发现大型天然气田,但是仍然难以满足国内的需求。2000年,科威特与卡塔尔和伊朗签订铺设输气管道的协议,但是该协议落实缓慢,直到2006年也没有取得成效。2008年11月,在阿拉伯联合酋长国的原油分馏国际公司投资为科威特铺设输气管道,连接科威特北部天然气产区和位于艾哈迈迪港的炼油厂。2010年,韩国大宇国际工业公司为科威特在艾哈迈迪港建立煤气生产线。同年4月,科威特石油公司与壳牌和瑞士维特尔集团签订液化天然气进口合同。2011年6月,科威特石油公司获得在伊拉克西巴和曼苏利亚 20 年的天然气开发合同。2011 年，科威特与沙特阿拉伯合作开发波斯湾上的海上气田。1999—2011 年科威特石油日产量变化表如表 8-2 所示。

表 8-2   1999—2011 年科威特石油日产量变化表

单位：万吨

年份	1999	2000	2003	2004	2005	2006	2007	2008	2009	2010	2011
日产量	198	203	197	221	264	269	263	278	248	251	286

科威特面临较为严重的公共开支压力，特别是公职人员工资和退休金的持续增长所带来的压力。科威特政府通过向海湾国家投资以增加收入，同时大规模的基建投资将科威特打造成地区金融和贸易中心。

从 2009 年到 2013 年，科威特的人均 GDP 为 39 861 美元，名列阿拉伯国家第三位，仅次于卡塔尔和阿拉伯联合酋长国，位列全球第十九位。2013 年，科威特国内生产总值增长 2.3%，达到 1 777.9 亿美元，其中非石油部分国内生产总值同比增长 10.6%，占 GDP 比重达到 34%。

2015 年，在油价暴跌的情况下，科威特仍然保持对石油方面的投资，科威特石油公司启动海上石油勘探项目，还注重利用高科技提高油气勘探和生产能力，提高伴生天然气的产量，提升高附加值油气产品的产量。

表 8-3   1989—2011 年科威特出口贸易变化表

单位：亿科威特第纳尔

年份	1989	1990	1991	1992	1995	1996	1997	2004	2005	2006	2007	2008	2009	2010	2011
出口总额	33.78	20.31	3.09	19.31	38.14	44.48	43.14	84.28	131	161.7	176.9	233.6	148.7	191.9	285.7
石油出口额	不详	18.42	不详	18.49	35.97	42.23	40.85	78.61	123.9	154.3	168.5	222	134.5	176.8	266.9

表 8-4   1989—2011 年科威特进口贸易额变化表

单位：亿科威特第纳尔

年份	1989	1990	1991	1992	1994	1995	1997	2001	2007	2008	2009	2010	2011
进口额	18.494	11.457	13.533	21.292	19.882	23.231	25.016	50	60.66	66.78	58.52	64.28	69.72

🌸 五、石油经济发展模式下经济发展的弊端

石油经济发展模式下，科威特经济发展出现以下四个方面问题：第一，国家财政对石油收入高度依赖，大部分的财政开支依赖于石油产业，其他产业部门发展落后，只能依靠石油收入，国家财政收入经常有90%来自石油收入。2010年，石油工业收入占科威特国内生产总值的54%，占出口收入的92%。第二，对外国劳工的高度依赖。科威特本国人口少，国民鄙视体力劳动造成科威特石油产业劳动力不足，本国科学技术的相对落后造成技工和行业高级人才的匮乏。发展石油工业只能靠从国外吸引大批各层级劳工，严重依赖外国劳工。科威特计划部对外公布人口统计数据，2005年底科威特人口（包括外籍）共348万，其中科威特籍人111.9万，外籍侨民占67%，主要来自印度、埃及、孟加拉国、叙利亚、巴基斯坦、菲律宾、斯里兰卡等国家。到2016年，科威特83.1%的劳动力为外籍人。第三，国内吸引石油资本的能力差。科威特本国劳动力匮乏，缺少除油气资源外的其他资源，因此难以利用石油产业产生的石油资本进行国内投资，国内资本的大量剩余只能投向海外。第四，产业结构单一，受外部环境的影响大。在石油经济发展模式下，科威特其他产业的发展水平有限，国家的GDP产值和财政收入主要依靠石油产业。在相对单一的产业机构下，科威特的经济易受世界经济行情以及国际油价波动的影响。20世纪70年代，受国际油价大涨的影响，科威特石油收入急速增长，到1980年，科威特的石油收入达到176.78亿美元。随着20世纪80年代油价的下跌，科威特的石油收入暴跌，到1985年石油收入下降到98.17亿美元，1986年，石油收入下降到63.78亿美元。

科威特政府很早就意识到其中的一些问题，而且随着时间的推移，认识也逐渐深刻。由此，科威特政府在发展石油经济的同时，也采取其他经济发展策略。

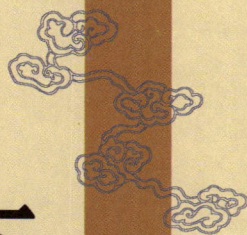

下篇

第九章 "一带一路"倡议下中科合作的共识与机遇

2013年9月和10月，中国国家主席习近平在出访中亚和东南亚国家期间，先后提出共建"丝绸之路经济带"和"21世纪海上丝绸之路"（以下简称"一带一路"）的重大倡议，得到国际社会高度关注。无论是在历史上还是在现实需要上，中东阿拉伯国家都重视发展与中国的关系，是实施"一带一路"倡议的天然的合作伙伴。目前，中国从阿拉伯国家进口石油占进口量的一半；阿拉伯国家基础设施建设规模接近全球五分之一，中国在该领域的设备技术水平、建设运营能力都有很强的国际竞争力；阿拉伯国家拥有连通欧非的区位优势，4亿人口的广阔市场……中阿合作具有独特的优势，"一带一路"倡议在阿拉伯国家具有广阔前景，受到广泛欢迎。

能源合作与经济贸易关系是中国与中东国家关系发展的亮点和主线，也是构建21世纪中国与中东"新丝绸之路"的主要内容。科威特拥有丰富的油气资源和优越的战略地位，是海湾地区的交通枢纽和金融中心。科威特也是中东地区较为安全和稳定的投资目的国，是中国在中东地区实施"走出去"战略和实施"一带一路"倡议的重要一环。同时，科威特也是最早欢迎并支持"一带一路"倡议的国家之一。中科两国经济互补性很强，彼此合作潜力和空间很大，双方具有共建"一带一路"的良好基础和强烈愿望。新时期，双方相互需要，展现出互利共需、合作共赢的愿景，中科关系及各领域合作在"一带一路"倡议的引领下迎来全新发展机遇。

第一节   中东与"一带一路"倡议

公元前138年，中国西汉的张骞出使西域，开启了中国同中亚各国友好交往的大门，开辟出一条横贯东西、连接欧亚的丝绸之路。公元73年，班超又出使西域，被东汉任命为西域都护，班超将丝绸之路延伸到波斯湾。与此同时，海上丝绸之路的雏形业已形成。古老的丝绸之路成为中国与外国贸易往来和文化交流的大通道，并推动了沿线各国的共同发展。丝绸之路是一条友谊之路、通商之路、文明交往之路，两千多年来，这条路越走越宽。进入21世纪，贸易和投资在古丝绸之路上再度活跃。

2013年9月，中国国家主席习近平出访中亚四国，参加上合组织峰会，在哈萨克斯坦纳扎尔巴耶夫大学发表演讲，提出欧亚国家共同建设"丝绸之路经济带"倡议；2013年10月，习主席访问印度尼西亚，出席亚太经合组织峰会，在印度尼西亚国会发表演讲时提出中国愿同东盟国家共同建设"21世纪海上丝绸之路"倡议。2015年3月28日，中国国家发展和改革委员会、外交部、商务部经国务院授权发布了《推动共建"丝绸之路经济带"和"21世纪海上丝绸之路"的愿景与行动》（以下简称《愿景与行动》）。习近平主席的倡议和中国政府的文件拉开了中国推动建设"一带一路"的大幕。

在近代历史上，中国和中东大多数国家沦为西方国家的殖民地或半殖民地，双方之间的直接交往也因此失去了古代丝绸之路时代的辉煌。20世纪以来，特别是第二次世界大战以后，中国和中东国家相继获得民族独立和解放，双方的关系发展也逐渐形成了新的高潮。自20世纪50年代以来，中国与中东许多国家在民族解放运动中相互支持，中国和中东国家的政治合作不断加强，经贸关系突飞猛进。至1990年，中国与所有的中东国家都建立了外交关系。中国与阿拉伯国家在国际关系中应当奉行和平共处五项原则、各国应自主选择发展道路的国际关系原则问题上达成明确共识。中国与中东各国之间的传统友谊不断发展，在政治上相互支持，在经济上互利合作，在国际事务中协调配合。这种友谊的长河就像中国的黄河、长江和中东地区的幼发拉底河及底格里斯河一样，奔流不息。

进入21世纪，中国与中东国家加深友谊、加强合作的愿望更趋强烈，中阿合作论坛应运而生。自2004年正式成立至2016年，中阿合作论坛已成功举办了7届部长级会议、13次高官委员会会议、4届企业家大会，以及数十场议题广泛的论坛和研讨会，成为共叙中阿友好、推动务实合作的有效平台。2014年6月5日，中阿合作论坛第六届部长级会议在北京人民大会堂开幕。中国国家主席习近平出席开幕式并发表题为《弘扬丝路精神，深化中阿合作》的重要讲话。习主席表示，通过古老的丝绸之路，中阿人民的祖先走在了古代世界各民族友好交往的前列。当前，中阿都面临实现民族振兴的共同使命和挑战。希望双方弘扬丝绸之路精神，以共建"丝绸之路经济带"和"21世纪海上丝绸之路"为新机遇、新起点，不断深化全面合作、共同发展的中阿战略合作关系。习近平强调，"一带一路"是互利共赢之路，中国同阿拉伯国家因为丝绸之路相知相交，是共建"一带一路"的天然合作伙伴。中阿双方应该坚持共商、共建、共享原则，打造中阿利益共同体和命运共同体。既要登高望远，也要脚踏实地，构建"1+2+3"的合作格局，即以能源合作为主轴，以基础设施建设、贸易和投资便利化为两翼，以核能、航天卫星、新能源三大高新领域为新的突破口。未来10年，争取把中阿贸易额从2013年的2 400亿美元增至6 000亿美元，把中国对阿非金融类投资存量从2013年的100亿美元增至600亿美元以上，加快协商和推进建设中国—海湾阿拉伯国家合作委员会自由贸易区、阿拉伯国家参与亚洲基础设施投资银行的进程。习近平指出，双方应该依托并增进中阿传统友谊，成立中阿合作论坛是我们着眼中阿关系长远发展做出的战略抉择。希望双方抓住共建"一带一路"的新机遇，加强政策沟通，深化务实合作，不断开拓创新，把论坛建设好。阿方赞同习近平主席提出的加强论坛建设，发展阿中战略合作关系的主张，支持中方提出的共建"一带一路"倡议，愿意同中方加强沟通和协调，推动阿拉伯有关问题的政治解决，共同致力于促进地区和平、稳定、发展。2016年5月13日，中阿合作论坛召开了第七届部长级会议，中阿双方签署了《多哈宣言》和《2016年至2018年行动执行计划》两份重要文件，明确以推进互联互通、产能合作和人文交流作为共建"一带一路"的三大支柱，并在此框架下设定了一系列重点合作领域和项目。同年4月22日，中共中央对外联络部首次举办中阿高级别战略政治对话，即“中国–阿拉伯国家政党对话会”，为中阿多边合作的制度建设搭建了新平台。

中东地区是古代陆上丝绸之路和海上丝绸之路的交汇之处，也是当今“一带一路”建设的重要节点地区，在“一带一路”建设中占有重要地位。中国在中东地区推进“一带一路”建设意义重大。

“一带一路”可促进中东地区的和平与稳定。“一带一路”主张不同民族、不同文化要“交而通”，通过交流增进了解，解决分歧。中方坚定支持阿拉伯民族捍卫自身合法权益，尊重阿拉伯国家的变革诉求，支持阿拉伯国家自主探索发展道路，愿同阿拉伯朋友分享治国理政经验，携手实现民族复兴。呼吁以对话代替对抗，推动通过对话解决地区争端，尽快实现中东和平与稳定。

“一带一路”可促进中阿共同发展和繁荣。中方支持中国企业参与阿拉伯半岛和北非铁路网建设，参与海湾、阿拉伯海、红海、地中海沿岸阿拉伯港口建设。中国高性价比的制造装备，加上技术转让、人才培训和融资支持，可以帮助阿拉伯国家低成本、高起点地推进工业化进程，走出一条经济、绿色的工业化新路。

“一带一路”可促进文明交流与互鉴。“一带一路”倡导进一步开展文明对话，倡导包容互鉴。中华文明和阿拉伯文明各成体系、各具特色，但都包含有人类发展进步所积淀的共同理念和追求，都重视中道平和、忠恕宽容、自我约束等价值观念。中方愿同阿方一起，维护文明多样性，促进不同文明互学互鉴，共同发展去极端化合作，共同反对把恐怖主义同特定民族、宗教挂钩。

第二节　科威特与“一带一路”倡议

中东地区是中国实施“一带一路”倡议的重要区域，科威特是中东地区经济领先的国家，拥有丰富的石油资源和优越的战略地位，是海湾地区交通枢纽和金融中心。科威特不仅石油资源丰富，还具有独特的区位优势、完善的基础设施等诸多便于投资兴业的有利条件，因此，在科威特落实“一带一路”倡议对沿线国家具有良好的示范效应和深远的战略意义。

科威特高度评价并积极响应中国提出的共建"丝绸之路经济带"和"21世纪海上丝绸之路"倡议，是最早与中国签署共建"一带一路"合作文件的阿拉伯国家之一。科威特还是中国发起成立的亚洲基础设施投资银行的创始成员。科威特投资局已与中非发展基金签署《对非投资合作框架协议》，为双方合作开展对非洲投资奠定法律基础。

科威特官方曾在多种场合向中国表达了进一步加强两国经济合作的愿望。早在2002年2月，科威特财政大臣尤素福·艾哈迈德·易卜拉欣访华时提出要振兴古丝绸之路的宏伟构想。2004年科威特第一副首相兼外交大臣穆罕默德·萨巴赫访华，也表达了这一愿望。2014年6月，科威特首相贾比尔访华，与中国总理李克强共同出席中科10份合作协议或备忘录的签字仪式。这些协议或备忘录包括：《中科关于丝绸之路经济带和科威特丝绸城建设合作谅解备忘录》《中科能源合作协议》《中科基础设施项目投资合作协议》《中科航空合作协议》《中石化与科威特石油公司合作谅解备忘录》《中科投资非洲合作谅解备忘录》《中科助学贷款协议》《中科文学翻译协议》《华为公司与科威特Zain通信合作协议》《中科外交护照和特别护照互免签证协议》等。

2015年4月19日，中国驻科威特大使崔建春在大使馆举行记者招待会，宣介《愿景与行动》，科威特通讯社及《祖国报》《政治报》《消息报》《白天报》《舆论报》《科威特时报》等科威特主流媒体记者出席。崔大使表示，科威特是"一带一路"沿线重要国家，中科签署的共建"丝绸之路经济带"和"丝绸城"合作文件开创了中国同阿拉伯国家共建"一带一路"合作的先例，丰富了双边关系内涵，为双方合作注入了新动力。中方愿同科方一道，发挥各自优势，共同努力，使科威特的"丝绸城"成为"丝绸之路经济带"上的一座新地标。

2016年3月17日，中国—科威特关系及共同建设"一带一路"研讨会在科威特首都科威特城召开。此次研讨会由中国驻科威特大使馆主持召开，100多位科威特官员、学者、新闻界人士，科威特驻华大使馆前外交官以及在科中资企业代表和华侨华人代表出席研讨会。科威特最高计划发展委员会经济司司长塔拉勒·夏姆里在研讨会上表示，科威特是最早与中国签署共同建设"一带一路"协议的阿拉伯国家之一，同时科威特以创始成员身份加入亚洲基础设施投资银行，将科威特和中国经贸合作提高至更高水平。塔拉勒强调，科威特的发展离不开中国企业大力支持。目前中国企业在科威特参与建设的项目达69个。2015年，两国新签合同额超过10亿美元，比2014年增长一倍，特别是能源、通信和建筑承包工程等领域实现大幅增长。中国驻科威特大使王镝在研讨会上发言表示，2016年正值中科建交45周年。45年来，中国和科威特在政治、经济和文化等领域合作不断增强。希望与会者能为推动中科间政治、经济、文化、教育等各领域合作做出贡献，共同建设"丝绸之路经济带"和"21世纪海上丝绸之路"。

作为参与"一带一路"的大手笔，在古代丝绸之路的启发下，科威特计划耗资1 320亿美元，在北部沿海地区兴建一座新城——"丝绸城"，计划包括兴建一座1 000米高的摩天大楼。"丝绸城"计划于2033年全部建成，可容纳70万名居民，将以大型公路连接首都科威特城，以公路、铁路等接通中东、欧洲和中国。科威特政府希望该项目成为中科共建"一带一路"的突破口，为中国与中东地区国家开展"一带一路"合作发挥示范效应。

第三节　　　"一带一路"倡议下中科合作的共识

中科两国传统友谊深厚、政治交往密切、发展战略契合、经贸合作互需共利，构成了中科共建"一带一路"的坚实基础。

第一，历史认同。古代丝绸之路在海湾地区家喻户晓。直到今天，阿拉伯人仍对这条古代著名商道所创造的辉煌赞叹不已。中科关系友好，两国人民友谊源远流长，中科交往历史可追溯到古代丝绸之路时期。科威特位于阿拉伯半岛东北部，由于地理位置优越，自古以来就是东西方商船的交汇地、重要的贸易转口港，也是丝绸和香料贸易的必经之地。科威特法拉卡岛是古代丝绸之路的重要驿站，是两河文明和阿拉伯沿岸文明交汇的重要站点，科威特对丝绸之路精神有着较高的思想认同。

第二，政治互信。1971年3月22日，科威特与中国建交，是第一个与新中国建交的海湾阿拉伯国家。建交以来，中科关系稳步发展。两国政治互信不断增强，务实合作持续深化，人文交流富有成效，在国际和地区事务中保持着良好沟通和协调，业已成为相互信赖的好朋友和真诚合作的好伙伴。科威特始终坚持奉行一个中国政策，中科两国在涉及对方核心利益问题上始终相互理解、相互支持。中国支持科威特的独立、主权和领土完整，支持其在解决海湾战争遗留问题上的合理要求；科威特在涉台、涉疆、人权等问题上给予中方坚定支持。建交以来，两国关系稳步发展，在政治、经贸、军事、文化等领域均有形式多样的合作。1998年，中国抗洪救灾，科威特政府向中国捐款300万美元，是中国在抗洪救灾期间收到的最大一笔外国政府捐助。近年来，双方高层互访频繁：现任埃米尔萨巴赫对华友好，曾六次访华；现任首相贾比尔曾三次访华；2008年时任中国国务院副总理李克强访科；中国国家主席也曾多次派特使赴科出席有关活动。作为海湾阿拉伯国家合作委员会（海合会）重要成员，科威特还为推动中国与海合会国家合作发挥了重要作用，堪称中国与地区国家合作的友好典范及推动中阿集体合作的重要力量。

第三，战略契合。科威特埃米尔萨巴赫提出复兴科威特在古代丝绸之路的重要作用，科方以此为目标制订的"2035年发展愿景"规划与"一带一路"倡议构想不谋而合。科方高度评价和积极响应"一带一路"倡议，愿积极参与"一带一路"建设，并同我国签署加入亚洲基础设施投资银行（亚投行）的双边谅解备忘录。科威特"丝绸城"作为"2035年发展愿景"规划中的支柱项目，有望成为中科"一带一路"合作的突破口。科威特力图通过重点发展"丝绸城"，建立一个金融与休闲为主、连接亚欧的海上港口。由此观之，海湾地区各国近年来受迪拜发展影响的刺激，在经济领域的竞争逐渐激烈。尽管科威特在资金上极为充裕，但还是需要一个强有力的合作伙伴。所以，当中国提出"一带一路"倡议后，得到了本来就有"丝绸之路"情结的科威特的积极呼应。目前，中科双方已从战略层面开展"丝绸城"项目合作，中方愿同科方携手努力，将该项目打造成中国与地区国家开展"一带一路"建设合作的典范。

第四，经贸互补。中科双方开展产能合作具有很大潜力，前景广阔。作为世界第二大经济体，中国对能源的需求在不断增大。而科威特是石油和天然气资源均丰富的产油国，双方加强在能源领域的合作，不仅能提高中国的战略能源供应安全性，科威特的石油产品也能获得稳定可靠的销售渠道，可以实现双边合作共赢。根据中国海关发布的数据，2015年科威特向中国出口原油总量为1 443万吨（约每天29万桶），同比增长了35.9%，创历史新高。现阶段，我国出口科威特的产品以轻工、纺织品为主，这两类商品附加值都比较低，随着中国机电产品质量不断提高，产品的价格竞争优势增强，在科威特越来越受到关注。科威特在石油开采、炼油及为石油产业服务的水、电、通信、建筑设施等方面的投入会不断增加，中国企业在科威特汽车、重型机械、石油开采设备、化工设备、供水设备和电力设备及零配件市场开发方面潜力巨大。科威特在其2016—2020年中期发展规划中提出积极发展非油产业、打破制造业发展瓶颈、促进产业结构调整、实现经济多元化等多项目标，而中国在发展和建设产业方面具有较大优势，双方可充分发挥互补性，积极开展产能合作。同时，中国在非洲已参与建设不少基础设施项目，科威特拥有充足资本和对外投资经验，双方发挥各自优势，在非洲共同开展产能合作潜力巨大。

第五，制度保障。中科建交后，两国政府在经贸领域先后签署了《贸易协定》（1980年）、《鼓励和保护投资协定》（1985年）、《成立经贸混委会协定》（1986年）、《避免双重税收协定》（1989年）、《关于对所得和财产避免双重征税和防止偷漏税的协定》（2002年）、《经济技术合作协定》、《石油框架合作协议》（2004）等经贸协定。此外，中国与海湾合作委员会还签订了《经济、贸易和技术合作框架协议》。这些文件的签署为中科贸易的发展提供了制度性保障。

"一带一路"倡议是新时期中国打造对外开放升级版的重要组成部分。科威特作为中国深入推进与阿拉伯国家经贸合作的重要抓手，具有十分重要的地位。当前，中国应以筹建中的"丝绸城"为契机，积极与科威特就"一带一路"建设进行沟通和协调，争取尽快在能源产业合作、基础设施互联互通、投融资便利化以及人文教育交流合作等方面取得共识。

第四节   **"一带一路"倡议下中科**
合作的机遇

中东地区的不同国家在经济上有不同特点。科威特作为海湾产油国，利用资源优势积累了大量的石油美元，财力雄厚，但毕竟国家小，人口少，经济体量小，要想长期发展，还需要有一个强大的经济体起到带动和联动作用，才能够走得远、做得大。近年来，科威特政府在重点发展石油、石化工业的同时，强调发展多元化经济，着力发展金融、贸易、旅游、会展等行业，并提出2035年发展愿景，将科威特建设成为地区商业和金融中心。同时，科威特政府开始放眼全球，正在转向新的投资市场，并有意识地推行"向东看"战略，着意增加对亚洲，特别是对中国等国家的投资。在"一带一路"框架下，中科两国以能源、基础设施建设、服务业、高科技产业、新能源开发等为合作的主要内容，逐步推进"一带一路"建设。

一、能源合作领域

目前中国已成为全球最大的石油进口国，至2035年，中国从中东地区进口石油将翻一番。有学者预测，中国石油消费需求在2030年左右将达到6.8亿吨的峰值，预计2030年石油对外依存度将升至70.6%。因此，在当前和今后一个时期内，中国中东经济外交的目标重点仍将集中于确保能源安全。科威特石油和天然气储量丰富，科威特现已探明石油储量140亿吨，居世界第六位；天然气储量为1.78万亿立方米，居世界第十八位。丰富的石油储量给科威特带来了丰厚的石油美元，为经济和社会发展提供了坚实的物质基础。2015年石油收入占科威特GDP的50%，出口收入的94%，政府收入的89%。科威特官方计划在2020年将石油产量提高到400万桶/天。

近年来，国际油价进入低油价周期。2015年，国际油价下跌给西亚和北非地区带来3 400亿美元的收入损失，约占该地区GDP总量的20%。尽管科威特经济多元化政策初见成效，非能源产业发展迅速，但是国际能源价格下跌及美国进口量下降仍对科威特的财政收入造成了影响。现在的低油价虽然阻碍了科威特经济的发展，但是也推动了科威特进行以发展多元经济形式为导向的经济调整，从总体上看，市场环境的改善将更加有利于中科经贸合作的开展。而且为了保证中国的能源安全，除了实行能源来源多样化、发展新能源和节能等能源战略外，继续保持和发展与科威特的石油贸易，尤其是在科威特落实"一带一路"倡议，发展双边能源关系仍然是至关重要的。另一方面，油价下跌降低了石油进口成本，石油进口国在开展石油合作中处于主动地位。面对这样的机遇，中国可以进一步加强与科威特的石油合作，中科双方可以通过建立稳定、长期的石油贸易关系、扩大在石油和天然气上下游产业上相互投资等多种方式进一步开展能源合作。其中，在石油贸易方面，争取签订有利的长期石油供应合同；在生产方面，吸引科威特的石油美元发展中国石油工业的下游领域。近年来，伴随着中石化在钻井业务方面的突破性进展，中石油也开始逐步重新进入科威特石化市场，这也必将促使中国企业在科威特政府大量投资的石化领域获得更多的业务。2014年8月，科威特石油公司（KPC）与中石化联合石化公司签订了为期10年的原油供应协议，协议的出口量为30万桶并有可能提升至40万桶。这是科威特石油公司有史以来最大的销售合同，也是具有里程碑意义的协议。根据协议，科威特石油公司未来10年内将极大提升与中国的原油贸易量。

❦ 二、基础设施建设领域

在当前国际油价低迷的情况下，为加快实施经济多元化战略，科威特也有与中国加强投资合作，对本国旧设施进行升级改造的需求。科威特是中国企业"走出去"的一个重要的新兴市场，在拓展对基础设施的投资合作领域，科威特拥有巨大的市场。在国际建筑工程承包市场上，科威特占据重要的地位。自2006年以来，科威特建筑承包市场得到了蓬勃的发展，各类大型、超大型项目的数量逐渐增加。虽然私营经济受到2008年金融危机的严重冲击，但科威特政府依靠雄厚的石油储备和财政盈余，积极投入财政资金并推动了诸如科威特大学城、大型医院、大型路桥、新炼油厂、发电厂等一系列超大型项目群的建设发展规划。据统计，科威特当地建筑承包市场2007—2013年的年平均发包额约90亿美元以上,在海湾国家中长期排名第四位,仅次于沙特阿拉伯、阿拉伯联合酋长国和卡塔尔。2014年以来,伴随着科威特国家石油公司清洁能源三大项目(累计合同额120亿美元)的授标,当地承包市场全年累计授标合同金额已经远超180亿美元,超过卡塔尔并接近阿拉伯联合酋长国全年授标合同总额,居海湾阿拉伯国家合作委员会(GCC)国家第三位。科威特国民银行2015年10月22日发布的报告显示,截至2015年第三季度末,科威特大型工程项目授标额已达300亿美元,在海湾国家中超过卡塔尔和阿拉伯联合酋长国,仅次于沙特阿拉伯。这些项目涵盖艾尔祖尔炼油厂项目、艾尔杰赫拉省综合行政大楼、科威特南部地区路网升级改造项目,以及数家医院和住宅区建设项目。

科威特最新颁布的2015—2020五年发展规划的投资项目总额将达到455亿科威特第纳尔(约合1 550亿美元)。该规划拟执行项目数量为523个,其中总投资额中的295亿科威特第纳尔将用于经济发展项目,155亿科威特第纳尔将用于民生项目,5亿科威特第纳尔将用于行政发展项目。其中,2015—2016新财年科政府方面的项目支出约为66亿科威特第纳尔,关于此发展规划中的首个年度规划目前已提交到内阁及最高计划和发展委员会审议并最终由议会批准。这份规划中包括了2015—2020年所要实施的大项目,如总投资70亿科威特第纳尔的城市地铁项目、投资约80亿科威特第纳尔的海合组织铁路项目、总项目金额达13亿科威特第纳尔的科威特国际机场新航站楼项目、科威特"媒体城"建设项目、布比延岛上的穆巴拉克港口扩建项目、祖尔电厂二期、祖尔炼油厂、法里克岛开发项目、污水管网扩建、Kabd固体垃圾发电厂项目、科威特大学城、贾比尔医院、清洁能源炼化厂等。在基础设施和房建方面,科威特新的五年发展计划中囊括了大量的政府投资项目,这将确保科威特在未来几年内保持一个相对稳定的项目发包额。截至2014年底,中国企业已经累计跟踪当地待实施项目81个,总合同额约200亿美元。随着中国企业在当地市场的掌控能力、国际工程管理能力和项目实施经验的积累,中国企业在科威特的未来发展将有很大的发展空间。

❧ 三、金融、投资领域

2008 年全球金融危机爆发后，中东国家开始加大对中国的投资力度。中东产油国通过出口石油积累了大量石油美元，但自身落后的工业和容量相对较小的经济规模，使得这些石油美元在其国内的使用十分有限，不得不依靠海外投资实现保值升值，进而使石油美元成为全球长期投资的主要资金来源。但长期以来，中东国家的主要投资目的地是欧美等西方发达国家，流入中国的资金量相对较小，且投资领域有限，主要集中在基础设施领域。中国经济长期保持高速发展，投资回报率较高，中国提出的"一带一路"倡议符合中东地区的现实需求和利益，得到中东国家的积极响应，并纷纷加大对华直接投资规模和力度，投资领域从原先的基础设施领域扩展至能源、金融、地产、酒店等领域，标志着中东国家对华投资进入了新的发展阶段。

2010 年 2 月 21 日，科威特政府公布了五年发展计划，旨在改变长期依赖石油的经济格局，其中包含国家发展战略《科威特 2035 年发展愿景规划》，该计划拟将科威特打造成金融和贸易中心。科威特金融业较为发达，如科威特国民银行是穆迪、标准普尔及惠誉等国际信用评级机构信贷评级最高的中东银行，其业务遍及黎巴嫩、约旦、伊拉克、埃及、巴林、沙特阿拉伯、阿拉伯联合酋长国及土耳其。2014 年，科威特政府设立科威特直接投资促进局（KDIPA），提供一站式服务平台，简化投资审批发牌程序，大大提高了行政效率。2015 年年初，科威特政府颁布新的公私合作执行附则，并成立科威特合作项目管理局（KAPP）代替合作技术局（PTB），以便更独立地推行公私合作项目，着力打造新型的"政府-私人部门合作（PPP）"模式，促进私营部门参与经济发展。2016 年，科威特计划设立一支新的主权财富基金（SWFs），在此后 5—7 年内将 1 000 亿美元地方资产出售给私人部门。中国经济新常态下也在强调 PPP 合作模式的重要性，因此中科两国政府可以在该项议题上互相借鉴合作。据统计，中东地区当前拥有世界上 35% 的主权财富基金，其中科威特有 5 480 亿美元。根据主权财富基金研究所（SWFI）公布的数据显示，2016 年主权财富基金国家中，科威特投资局排名第五。当前为应对油价下跌造成的负面影响，科威特主权财富基金迫切期待投资避险。科威特巨额的主权财富基金是"一带一路"建设可以借助的重要资源，主权财富基金加入中国倡议的"一带一路"互联互通建设，有助于降低其投资风险。

为鼓励外国投资，科威特制定了一系列有关法规：《科威特外国资本直接投资法》及其说明、《关于科威特外国直接投资管理法执行条例》和《自由区法》等。以上法律法规构成了科威特吸收外国投资的优惠政策框架。经批准，外商投资项目可享受的优惠包括：自投资项目正式运行起10年内免征所得税或任何其他税，对该项目的再投资同样免征上述税赋，免税期限与兴建该项目时的原始投资所享受的期限等同；对项目建设、扩建所需的机械、设备和零配件，以及生产所需的原材料、半成品及包装和填充材料等进口物品全部或部分免征关税；依照国家现行法律和条例划拨投资所需的土地和房产；依照国家现行法律和条例聘用必需的外国劳动力。

中国积极推进"一带一路"建设，牵头成立亚投行和丝路基金，目的是帮助沿线国家加快基础设施建设，带动区域经济发展。亚投行和丝路基金投资方向为具有战略意义的中长期项目，投资领域包括基础设施、资源开发、产业合作和金融合作等。目前在科威特的外国公司不能在石油领域的上游产业投资；外国公司在银行业中拥有的股权不能超过49%；外国投资不能涉足保险业；房地产业的投资也只限于海湾六国。此外，科威特的资源种类十分有限，除石油和天然气资源被国家垄断外，其他资源贫乏，国内缺乏高质量的劳动力，技术劳动力依靠进口，这些不利因素均对外资的投入构成挑战。随着中科贸易合作的不断增加，应该适时推行双边的本币结算业务。既可以避免美元价格波动给双方带来的损失，又能促进人民币国际化进程。在冶金、建材等领域，中国拥有的大量技术可以以直接投资的形式向外转移。中国也可以利用科威特放宽对外国直接投资的限制，以及对投资环境和服务进行改善的政策，加快对科威特的直接投资。科威特在经济调整的过程中有可能为补贴政府财政而采取增加税种及取消能源和水电补贴等增收节支的方式，这虽然对投资企业产生不利影响，但科威特的能源与水电价格及税收的水平依然低于中国，对产业转移的影响有限。另外，科威特的基础设施建设面临诸多成本问题，例如缺少钢铁、水泥等基础建筑材料，中国企业具备参与科威特经济多元化发展的经验和实力。

四、服务业、新能源开发、自由贸易区建设等领域

2016年科威特各行业对GDP的贡献率分别为农业0.4%（主要是渔业），工业59.6%（主要是石油、石化、水泥、造船、海水淡化、建筑材料、食品加工），服务业40%。近年来，政府对服务业的发展给予了高度重视，特别是人口不断增多，国民对医疗保健、水电、旅游、电信、保险、金融、营建、运输、电子网络等基础设施和相关服务需求增加，另外科威特每年有大量的人外出旅游度假，旅游消费市场庞大，中科双方在开发旅游、通信等行业的合作方面潜力巨大。

在新能源领域，科威特的Al-Dabdaba太阳能发电厂是近年来科威特开发使用清洁能源的重点项目，预计于2020—2021财年完工，届时将能够满足石油部门电力总消费量的15%左右，并每年减少碳排放量130万吨。中国进入21世纪以来已成为世界太阳能发电设备领域最大的生产国和出口国，拥有全世界最大的太阳能发电市场。中国利用太阳能发电获得的新能源发电量占2015年全球发电总量的1/4，2015年中国太阳能发电装机量有望达到14吉瓦，这相当于14座大型天然气发电站或核电站的发电量。随着未来对清洁能源需求的增加，中国与科威特新能源工业的合作方兴未艾，在世界主要风能发电设备领域，中国也是重要的生产国和出口国。近年来随着核能技术的逐渐成熟，中国的核能技术也已走出国门。

在自由贸易区建设领域，中科的合作潜力也是巨大的。当前，国际贸易市场不振，但海湾国家与中国外贸的双向需求旺盛，海湾六国是世界第二大工程建设和劳务市场，也是中国最重要的石油进口来源地，海湾六国的第八大贸易伙伴则是中国。近年来，中国与海湾六国在经济、能源、外交、文化、科技等领域的往来增多。积极推动中国与海合会自贸区谈判取得新进展对实现石油下游的产能合作及继续扩大中国与科威特的经济合作有着重要的意义，为中国企业在科威特石油、石化领域进行合资、合作创造条件和提供便利。中国与海湾合作委员会于2014年1月17日在北京举行第三轮战略对话，由外交部部长

王毅同海合会轮值主席国科威特第一副首相兼外交大臣萨巴赫共同主持。会后发表新闻公报,强调要加快中国和海合会自由贸易区谈判进程,认为中国和海合会国家经济互补性强,建立自由贸易区符合双方的共同利益。中国－海合会自由贸易区协定的最终签订会进一步促进中国与科威特在石油领域的产能合作。

第十章　中科经济贸易的 合作共赢

中科两国经济互补性强，经贸往来历史悠久，自 1971 年 3 月 22 日建交以来，双方务实合作成效显著，经贸关系稳步发展。中科两国在经贸、能源和投资等领域的合作一直保持良好发展势头，工程承包成果丰硕，金融投资互利共赢。在"一带一路"框架下，中科两国在石油、天然气领域的合作有着广阔的前景，在互惠、互利、共同发展的基础上，中科经贸合作一定会达到更高水平。

第一节　中科经济贸易的历程

自 1955 年起，中科两国就开始直接的民间贸易。1965 年 2 月，科威特财政和工业大臣贾比尔·艾哈迈德·萨巴赫率团访华，受到了中国国家主席刘少奇、总理周恩来的亲切会见，双方就采取有效措施发展两国经济、贸易和技术合作关系达成共识，两国间开展官方贸易的序幕由此拉开。同年 6 月，中国友好代表团赴科访问。1967 年，中国在科威特举办经济、贸易展览会。

两国建交后，经贸关系保持着强劲的发展态势，贸易额逐年增加。一直以来，中国被科威特视为外贸上的主要合作伙伴之一。20 世纪 70 年代，当科威特生产的化肥在世界市场上遭遇极大销售困难之时，中国政府慷慨解囊，购置近一半的科威特化肥，此举不仅加深了中科两国人民的情谊，也对中科双边贸易产生了良好的影响。

进入 20 世纪 80 年代，中科经济领域的合作不断取得新进展。自

1981年起，中国的工程技术人员和劳工开始进入科威特工程承包与劳务市场。1981—1991年，中国在科威特的工程承包与劳务收入分别为3.802 7亿美元和1.778 4亿美元，承包项目包括住房、公路、桥梁、水坝和厂房等。与此同时，科威特资金也开始进入中国。1982年，科威特阿拉伯经济发展基金会与中国政府签订了三项贷款协议，向中国提供总值3 030万科威特第纳尔（约合1.07亿美元）的长期低息贷款，分别用于安徽宁国水泥厂、长沙人造板厂和厦门机场的建设。而后，科威特政府又向中国提供了数笔价值数千万美元的贷款，主要用于农业、水利、交通等基础设施建设。1985年7月，中国和科威特航线开通。截至1989年，科威特一直是唯一向我国提供政府贷款的海湾国家，此外，20世纪80年代中科两国政府先后签有以下经贸协定：《贸易协定》（1980年），《鼓励和保护投资协定》（1985年），《成立经贸混委会协定》（1986年），《避免双重税收协定和经济技术合作协定》（1989年）。这些协定的签署为中科经贸关系增添了新内容，促进了双方经济合作制度化、规范化、长期化。

　　20世纪90年代初期，海湾战争爆发，伊拉克侵占科威特，科威特经济发展受到重创。中国政府一方面明确反对伊拉克入侵，支持恢复科威特合法政府的一切权力；另一方面理解并支持科威特在解决海湾战争遗留问题上的合理要求，积极参与科威特战后经济重建工作。中国石油天然气总公司四川分公司派出的灭火队，成功地参加了科威特油井的灭火工作；中国工程和贸易公司抓住先机迅速重返科威特，参加科威特经济重建工作。此后中国工程和劳务承包开始向总承包方向发展，进入全方位、高层次、专业化的新阶段。1992年12月，中石油公司在科威特艾哈迈迪炼油厂修复工程国际招标中，一举中标并签约，打破了西方国家对科威特石油、石化领域的垄断，这是中国在科承包劳务工作中的一个突破。该工程后由中国石化建设公司实际执行，连同科威特石油公司灌区工程一起，于1994年2月竣工，取得了非常好的经济效益和工程承包经验。此后，中石油、中石化、中国港湾公司多次以总承包方式承揽了科威特油站建设、码头修复等项目。1993年7月，中科经贸合作混委会第三次会议在科威特召开。1996年12月在科威特举行了中科投资与贸易洽谈会。根据早期的统计数据，从1991年至1996年，科威特共向中国投资1.994 7亿美元。截至1996

年，科威特是海湾国家中向中国投资最多的国家。从较新的统计数据来看，科威特至今仍然是海合会成员国在华投资最多的国家，自1982年至2005年底，科威特阿拉伯经济发展基金会向中国提供的贷款共计7.4亿美元，用于支援中国32个大中型建设项目，其中24个项目已执行完毕。1990年中科双边贸易总额为1.438 7亿美元；1994年为2.247 8亿美元；2000年为6.15亿美元，其中中国出口3.16亿美元，进口2.99亿美元。

进入21世纪以来，在双方的不断努力下，中国与科威特的双边关系得到了长足的发展，商界互动频繁，双边贸易快速增长，双边贸易额有较大突破，并呈逐年上升之势。据中国海关统计，21世纪头三年的年平均贸易额达到6亿美元，2005年的贸易额达到16.48亿美元，2007年和2008年双边贸易额分别为36.3亿美元和67亿美元。2010年达到85.5亿美元；而到2012年，双边贸易额更是超出百亿，达到125.5亿美元；2014年中科贸易总额为134.33亿美元，同比增长9.6%，其中中国向科威特出口总额34.29亿美元，同比增长28.2%，中国自科威特进口总额100.04亿美元，同比增长4.4%，中国已成为科威特第二大进出口贸易国。从进出口商品结构看，中国出口的商品已不再是纺织品、服装、小五金、文具等为主的轻工业产品，而是机电、建材（含钢材）、运输设备等附加值较高的商品。科方出口商品是原油、天然气代之过去的化肥、皮革、塑料原料等，特别是原油出口，近年来的出口量均在千万吨以上。为此，科威特石油公司于2005年2月1日在北京设立了驻华代表处。近年来，中科两国在经贸、能源和投资等领域的合作一直保持良好发展势头，在科威特开展石油工程服务、通信、基础设施建设项目的中国公司日趋活跃。

第二节　　中科经贸合作的总体特点

❖ 一、双边贸易发展迅速

中国与科威特经济结构不同，贸易互补性强，在经济全球化、区域经济一体化的形势下，中国与科威特经贸合作日益密切，贸易额直线攀升。自1971年建交以来，中科双边贸易额从小到大，呈现直线上升态势。2001年，中科双边贸易额仅为6.42亿美元，而到了2010年，两国贸易额达85.5亿美元，十年间平均增长率达123%。快速增长的中科双边贸易为两国的经济建设、为两国人民的生活需求做出了贡献。据统计，2015年，中科双边贸易额达112.7亿美元，是中科建交之初的60多倍。其中，中国向科出口37.7亿美元，同比增长10%。中国已是科威特第一大进口来源地和第一大出口目的国，科威特是中国第四十九位贸易伙伴，中国已经成为科威特第一大贸易伙伴。根据中国海关发布的数据，2015年科威特向中国出口原油总量为1 443万吨（约每天29万桶），同比增长了35.9%，创历史新高，科威特已经成为中国第七大原油进口来源国。从贸易结构看，中国从科威特进口的产品主要为石油及其衍生品，向科威特出口的主要是电子产品、成衣、玩具、纺织品、建材、家具、礼品、电器、文具、牲畜和食品等。随着中国科技的进步，经济结构转型调整，经济发展方式、生活方式都发生转变，尤其是对节能降耗、加强环保要求加强，中科进出口产品的结构也在发生着改变。

❁ 二、投资规模逐步扩大

科威特是最早向中国提供政府优惠贷款的阿拉伯国家，也是阿拉伯国家中第一个在华投资的国家，其投资领域涉及石油、天然气、银行等。中国同科威特于1985年5月签订了《中华人民共和国政府和科威特国政府关于促进和保护投资协定》，为两国间的双向投资提供了法律保障。此后，科威特投资局开始通过"J.F.中国投资基金"进行间接投资，还以流通股方式通过香港投资机构向中国企业投资。成立于1961年12月的科威特阿拉伯经济发展基金会是对外投资和援助机构，其宗旨是向阿拉伯国家和其他发展中国家提供优惠贷款和技术援助，以帮助受援国发展经济。根据科威特阿拉伯发展基金会发布的数据，截至2015年年底，该基金会已向中国的37个大中型建设项目提供优惠贷款2.8亿科威特第纳尔（约合9.52亿美元），涉及交通、工业、教育、基础设施、农业和环保等领域，有力支持了中国中西部地区经济和社会发展。2008年5月25日，科威特首次在科威特城举办中国投资大会，此次大会将向科威特工商界介绍中国的投资环境、投资政策和机会，特别是在房地产、工业和通信领域，来自中国 10 个省市自治区的政府官员、国营和民营企业家与会。科威特投资局（KIA）负责管理科威特庞大的石油资本，自 2000 年以来，其在大中国区（包括中国香港）金融投资额已累计达 80 亿美元。自 2011 年年底科威特投资局获得 QFII 资格后，2012 年 3 月科威特投资局获得 3 亿美元的初始投资额度，在 2012 年科威特投资局获得中国中央银行管理的国内银行间债券市场 10 亿美元投资额度。2013 年 1 月，在北京开办代表处后又获得 7 亿美元的投资额度。截至 2013 年年底，科威特在中国人民币市场 QFII 投资额度已达 25 亿美元，这 25 亿美元的中国证券市场和银行间债券市场的投资额度使得科威特投资局成为中国人民币公开市场最大的外国投资者。人民币对美元持续走强，使得外国投资者获得批准投资额度的难度越来越大。科威特还先后对中国工商银行、农业银行、中信债券等金融机构 H 股进行投资；另据中国商务部统计，截至 2013 年年底，中国对科威特的直接投资存量已增至 8 939 万美元。

🌸 三、工程承包成果丰硕

自 20 世纪 90 年代起，中国公司在科威特相继承建了多个大型工程项目，如科威特艾哈迈迪炼油厂修复项目、万吨级浮顶油罐项目、布比延跨海大桥项目、科威特中央银行新总部大楼项目、科威特奥林匹亚大厦项目、科威特贾比尔·艾哈迈迪住宅城项目等，在科威特当地产生重要影响，为中国企业赢得了声誉。由中建中东公司承建的科威特中央银行新总部大楼图案被印制在面值为 5 科威特第纳尔的第六版新纸币上。该项目还荣获由中东海湾地区著名媒体集团 CPI 颁布的"2015 年建筑与可持续发展系列奖年度项目大奖"。中石化国际石油工程公司按照"统一旗帜、统一品牌"的原则，整合在科威特的技术装备资源，建立良性运作机制，搭建统一平台支撑其业务发展，已经发展成为科威特最大的钻井服务提供商，还带动中国产封井器、液压大钳、顶驱等井下装备出口。华为技术有限公司发扬"乌龟精神"，以客户需求为导向，奋力开拓，目前已经占据科威特通信市场最大份额，成为科威特发展最快的信息与通信技术供应商之一，并为科威特当地创造 2 000 多个就业机会。其为科威特建立的 e-health 网络，使科威特全国所有医院应用统一网络基础设施实现互连互通与数据交换。2015 年

6月，华为公司在科威特注册成立全资子公司，成为第一家在科威特获得当地营业执照的中国电信公司和第二家获得科威特当地营业执照的国际公司，为未来长期扎根拓展科威特市场打下坚实基础。

中国企业于20世纪70年代末进入科威特承包工程市场。目前，中国企业在科威特执行各类项目69个，涉及油田服务、勘探、炼化、房建、基建、电信等领域，截至2014年年底，中国公司在科威特累计签订工程承包合同额98.5亿美元，完成营业额60.5亿美元。2015年，中国企业在科威特新签项目合同额20亿美元，同比激增98.26%，完成营业额12.8亿美元。新签大型项目包括中冶集团一冶公司承建的贾比尔·艾哈迈迪住宅城1475套别墅及其附属工程项目、中国石化集团国际石油工程有限公司承担的科威特8部钻机技术服务项目、中铁十八局签订的萨巴赫·艾哈迈迪城住宅及公共建筑项目、油田钻修井项目、祖尔新炼油厂项目、科威特湾三维采集项目、阿卜杜拉炼油厂燃料清洁化改造项目、科威特国民银行总部大楼钢结构项目、科威特萨巴赫·萨利姆大学城项目、科威特萨巴赫军事学院项目以及科威特电信运行维护项目等。

四、金融合作方兴未艾

由于科威特的金融保护政策及其他历史原因，中国与科威特金融合作不多。但近年来随着双方经贸关系的迅速发展，两国开始加强金融合作。2004年7月，由科威特国家投资公司运作，于2005年成立了科威特中国投资公司，注册资本8000万科威特第纳尔，在中国和东南亚投资领域涉及能源、房地产、医疗护理、基础设施和金融。2005年1月18日，科威特国民银行股份有限公司上海代表处获准成立，科威特投资局在中国香港设立分公司。2009年11月24日，科威特中国投资公司在科威特证券市场上市，属投资板块，简称"中国"。2009年公司收益为178亿美元，净资产较上年增长13%。中国与科威特资本合作始于2006年10月中国工商银行首次公开募股。当年，科威特投资局购入7.2亿美元工行股份，成为当年中国工商银行上市后最大的投资者。这一年正值海湾股市大跳水。股市的不稳定性，使得海湾投资者意识到改变投资策略、分散投资的重要性。这标志着科威特投资中国的长期战略开始实施。2010年，中国农业银行首次公开募股

（IPO），科威特投资局原来的8亿美元追加到了19.5亿美元，在各大战略投资者中升居第二位。2010年5月，科威特投资局与中国证监会签署备忘录，这是外国机构投资者在中国获取投资许可证的关键一步，并使国家投资局进入中国公司的证券交易，增加其在中国的投资份额。2011年科威特最大的伊斯兰银行——科威特投资银行将投资2 000万美元到中国的一家污水处理厂。2014年5月，中国工商银行已完成外资银行注册等相关手续，科威特央行批准中国工商银行在科威特设立分行。2015年6月，科威特签署了《亚洲基础设施投资银行协定》，加入亚洲基础设施投资银行，成为该国际金融机构的创始成员国之一。

第三节　　新时期科威特投资环境的分析

一、投资吸引力

科威特政局稳定，社会治安良好，基础设施完备，外资法律法规健全，市场化程度高，且对外资有优惠政策。世界银行发布的《2015营商环境报告》显示，科威特营商环境在189个国家和地区中排名第八十六位，比2014年的第一百零四位上升了18位。其投资吸引力主要有以下几点：

（1）基础设施完备：科威特虽没有铁路，但有现代化的高速公路；航空体系发达，机场可供世界上最大的飞机起降，有通往中东、欧洲和亚洲的定期航班；有两个现代化港口（舒韦赫港与舒艾拜港）；水电、通信等基础设施体系较为完善。

（2）政治基本保持稳定：2013年埃米尔宣布维护现行体制，巩固其地位与王室权力，对内进行适度的政治、经济改革，推进国家现代化建设，采取一系列惠民措施缓和社会矛盾，保持政局稳定，实现社会的良性运转。

（3）经济增长平稳且前景较好：近年来科威特经济一直维持稳定增长，油气资源丰富，人均国民收入水平高；政府提出"2035年发展愿景"规划，斥资千亿美元加强基础设施建设，推动经济多元化发展，经济发展前景较好。

（4）对外开放程度高：科威特是几乎所有的国际、区域和次区域经济组织成员，与100多个国家和地区签有双边贸易协定；外汇兑换不受限制，科威特第纳尔可以自由兑换成世界上其他所有货币；外国投资者有权将任何投资获利、本金和赔偿汇往国外；1999年投入运营的舒韦赫港西部自贸区不断发展，市场开放化程度有了很大提高，已成为地区贸易中心之一。

（5）融资条件好：外国公司在科威特进行贸易与项目融资渠道众多，包括世界级的商业银行、投资公司和伊斯兰金融机构等，只要外国公司提供相关报表和担保即可直接获得银行融资；外国公司也可通过在当地的代理或者合作企业直接获得融资或发行债券；证券市场运行良好，拥有阿拉伯世界第二大股票交易所。

（6）政府政策支持：科威特政府目前正在施行"2035年发展愿景"规划，积极鼓励引进外资，允许外国投资者独资或与本地人合资在科威特投资经营。经批准，外商投资项目可享受的优惠包括有自投资项目正式运行起10年内免征所得税或任何其他税收；对项目建设、扩建所需的机械、设备和零配件等物品进口全部或部分免征关税等。

（7）法制不断完善：为了鼓励外国资本及国外先进技术、管理经验和国际市场营销技能的进入，科威特政府不断完善国内的投资法规，形成了比较完整的鼓励外国投资的法制框架。依据相关规定，外国投资者可以在科威特以独资或与本地人合资的方式进行投资经营。外国投资者可以获得相关的优惠待遇。此外，科威特是《华盛顿公约》和《纽约公约》的签字国，这都保障投资纠纷的解决和仲裁结果的执行。

（8）主权信用良好：2013年，科威特国家信用等级标准普尔指数为AA级，穆迪指数为Aa2级，惠誉指数为AA级，国家信誉水平高。

❀ 二、重点投资领域

科威特确立的引资重点在高新技术产业领域，而不鼓励投资那些能力过剩的行业。具体而言，鼓励外商投资合作的重点领域有以下几个：

（1）石油产业：科威特石油公司制订的2020年发展战略规划，致力于在先进的石油化工技术领域同外国伙伴合作，积极扩建和更新现有炼油设施，中国石油公司多年来一直关注此类项目。

（2）基础设施建设："2035 年发展愿景"规划实施的重要一步即为完善基础设施建设，包括交通运输、供水、电力、房屋建设等方面。科威特政府对外招标，吸引了大批外国公司的进入。

（3）服务行业：随着人口不断增多和全球化进程的推进，科威特需要越来越多的医疗保健、观光、电信、金融等相关服务，近年来政府对服务业的发展也给予了高度重视。

（4）高科技产业：科威特引进外资的目的不完全是资金，更注重引进外国高科技技术和专业型人才，主要有电子网络技术、电信、软件开发、环保产业、先进的石油技术等领域。

第十一章　中科人文交流的
和谐互动

　　人文交流作为推动中国与科威特关系的三驾马车之一，具有越来越重要的作用。人文交流包含了中科两国人民在文化、体育、教育、艺术等非政治领域的相互影响和交流，它既可能由政府主导，也可能由不受政府影响的机构或个人组织实施。中国与科威特的人文交流具有坚实的历史和社会基础，建交后两国人文交流频繁密切，呈现出宽领域、多层面、高水平的特点，促进两国政治关系不断深化。在"一带一路"倡议的框架下，中国与科威特未来双边的人文交流具有广阔的发展前景，并将对地区的人文交流起到示范作用。

第一节　中科人文交流的历史渊源

　　"学问虽远在中国，亦当求之。"这句伊斯兰教先知穆罕默德的"圣训"，在阿拉伯国家乃至整个伊斯兰世界可谓家喻户晓、妇孺皆知。千百年来，这句阿拉伯古训使中国在阿拉伯穆斯林心目中一直是知识之源和礼仪之邦的代名词，令他们对中国文明满怀敬慕，心向往之；这句古训激励着无数中东地区的穆斯林沿着陆、海丝绸之路络绎不绝地远游中国；这句古训生动而真实反映了中国与中东文明交往的历史进程，堪称文明交往史上的佳话。在漫长的历史中，科威特作为阿拉伯帝国的港口城市，经济贸易发达，中科开展人文交流具有坚实的历史和社会基础。

　　科威特独特的地理位置也使它成为中东地区陆海交通枢纽，多种文明传播的中心。科威特先后经历了两河流域文明、古希腊文明、波斯文明和阿拉伯伊斯兰文明。在很长一段时间里，它是印度洋、西亚和欧洲之间的商业纽带，同时也造就了科威特古代文明的多样性。而中华文明自古以来就注重文明的交往与融合，先秦时期，连接中国东西方交流的通道已经存在。西汉时期，张骞两次出使西域，建立了汉朝与西域各国的友好关系，促进了经济、文化的交流和发展，打开了中国通往西亚的古商道——"丝绸之路"，自此，中国同阿拉伯地区和阿拉伯国家的交往已有两千多年之久的历史。自7世纪阿拉伯帝国兴起后，位于阿拉伯半岛东北部的波斯湾地区的科威特作为帝国的一部分一度繁荣，因其扼守海上交通要道，成为波斯湾的一个贸易港口和造船中心。据阿拉伯历史学家和地理学家马苏第的《黄金草原》一书记载，6世纪时，中国的商船经常访问波斯湾，而阿拉伯商船的航程通常是从波斯湾出发，经阿拉伯海到达印度，并从印度的马尔巴拉海岸，经孟加拉湾、马六甲海峡，穿过中国南海，抵达广州。唐宋时期，伴随着陆上与海上丝绸之路的商贸往来，中国和阿拉伯国家之间的频繁交往加深了双方的传统友谊，绵延不断的经贸和物产交流推动了各自的经济、文化和生产力的发展。进入明朝后，中国实施"遣使四出招徕"政策，扩大在海外的影响，促进与海外的贸易往来。明初，郑和七下西洋，西行至波斯湾、阿拉伯半岛，进而抵达东非海岸。郑和船队在西亚的壮举不仅加强彼此间的联系，满足双方的物质需求，同时远航随员撰写的大批文献从不同角度阐释了阿拉伯国家的地理概貌和风土人情，成为人们研究明朝中国和阿拉伯交往的珍贵史料，双方的贸易联系和人文交流达到了新的历史高度。但随着明朝国势的不断衰落，西方列强的迅速崛起和侵略扩张，江河日下的明朝转而采取"不务远略"的海禁闭关政策，以至于自16世纪中叶后，中国商船已无法出海远航，中国与海湾地区的联系基本中断。进入近代以后，海湾地区的政治形势也在发生重大变化，19世纪初，英国在海湾地区的势力迅速膨胀，英国成为科威特的宗主国，在丧失内政外交大权的情况下，科威特也不可能同中国保持正常的交往。

　　整体而言，历史上中科双方没有根本利益冲突和对抗，友好交往和利益互补是双边关系中的主旋律，双方之间的友好合作有很好的基础。

第二节 中科人文交流的现实成效

　　自1971年3月中科建交以来，双方人文交流频繁并取得了丰硕的成果。人文交流呈现出宽领域、多层面、高水平的特点，交流领域涵盖文化、教育、卫生、体育、旅游等。

　　1982年2月15日，中国对外文委副主任王阑西率政府文化代表团访问科威特，与科威特文化、艺术和文学全国委员会秘书长艾哈迈德·阿德瓦尼代表各自政府签署《中华人民共和国政府与科威特国政府文化、教育、新闻合作协定》，并多次签署年度执行计划，两国文化合作与交流不断加强。1990—1991年，由于受海湾战争的影响，中科两国的文化交往几乎中断。1992年以来，两国文化交流日益频繁。1999年4月，中国政府第一次在科威特举办了中国文化周活动，文化部副部长孟晓驷率政府文化代表团参加，并与科威特签署中科1999—2001年文化交流执行计划。近年来两国文化高层互访包括：2011年12月，中国文化部副部长杨志今率代表团访科，出席庆祝中科建交40周年文化周开幕式；2015年11月，科威特文化艺术文学委员会助理秘书长白德尔率政府文化代表团访华。两国文化团组互访不断，中方多次派艺术团赴科参加古林艺术节等国际性艺术节，科方也曾多次参加中阿博览会、阿拉伯艺术节及中国各地方性艺术节。中科双方还签有《"中科经典和当代文学作品互译出版项目"合作议定书》。

　　第一，文化交流丰富多彩。近年来，中科文化交流形式多样，内容丰富，两国多个文艺团体互访公演，进一步增进了双方人民之间的了解和友谊。2004年2月福建综合艺术团一行26人赴科参加2月节演出活动；2008年2月河南濮阳杂技艺术中心的8名演员赴科参加2月节文艺演出；2009年12月21日，"2009年阿拉伯海湾地区中国艺术节——湖南文化周"在科威特举办。2011年适逢中科建交40周年，为进一步推动中国和科威特国文化交流与合作，中科两国举办庆祝建交40周年系列活动。"科威特文化周"在中国国家大剧院开幕，科威特国际民族歌舞团及科威特电视艺术团带来了表现阿拉伯海洋文化艺术的演出《啊！财富！》、《我们的家园即将离去》和打击乐《呼唤和平》，科威特民间圈坐弹唱艺术、源自伊斯兰教晡礼的弹唱艺术等节目。同时还有关于科威特的非物质文化遗产展示，体现科威特历史文明、文化艺术、社会经济和建设成就的展览。"中国文化周"在科威特文委大厅举办，期间除了举办中科建交40周年图片展、放映中国影片、发放中科建交纪念邮封、介绍中国的资料以及中科友好纪念品等活动外，中国文化部还专门组派了著名画家秦百兰、杨明威举办《花·域》联展，并与科威特画家进行一系列交流活动。2012年3月，中国驻科使馆文化处精心准备"文化小屋"参加科威特庆祝阿拉伯经济发展基金会成立50周年文化展览。参展期间，使馆文化处负责人接受了科威特国家电视台的现场采访，就加强中科两国文化交流与合作，回答了该电视台记者的提问。2013年10月29日，在科威特当代国际造型艺术节闭幕式上，主办方为表彰中国与科威特在文化交流与合作领域付出的积极努力，感谢中国驻科威特大使馆为此所做的大量工作，特别向中国驻科威特大使馆颁发荣誉奖杯，中国驻科威特大使馆是此次艺术节唯一获奖的外国驻科威特使馆。丰富多彩的文化交流活动不仅加强了中科两国友好关系的发展与合作，而且促进了中科两国人民对两国的相互理解和友谊。

第二，教育交流扎实推进。中科在教育领域签有合作协定，双方每年相互提供政府奖学金。截至2014年，中国47所大学（含中国香港地区8所）学历已获科威特高等教育部承认。2016年中方共有7名政府奖学金留学生在科威特大学学习，另有部分自费留学生在科各高等院校学习。科威特每年赴华自费留学生人数也逐年增加。科威特大学、海湾科技大学等院校与中国国内多所高等院校有校际交流活动。2008年2月17日，科威特第一所汉语教学培训中心在海湾科技大学成立，并开始正式授课。开课伊始，学校计划只开2个汉语班，但开课仅仅一周就因学生踊跃报名而增至4个班级，这是中国广州中山大学与科威特海湾科技大学开展校际交流合作的成果之一。2013年6月20日，科威特海湾科技大学首届"商务中文培训班"举行结业仪式。中国驻科威特大使馆文化处应海湾科技大学副校长萨拉赫博士的邀请，出席了该培训班的结业仪式，并一起向各位学员颁发了结业证书。使馆文化处负责人向萨拉赫副校长转交了有关"孔子学院"的部分宣传资料，并正式提出开设孔子学院事宜，萨拉赫副校长表示支持。2016 年 4 月 5 日，中国驻科威特使馆在科威特大学举办"中国日"活动，纪念中科建交 45 周年。科威特大学社会学院院长哈穆德、科威特最高计划发展委员会秘书长哈立德以及科威特大学各院系师生等近百人参加活动。活动包括中国风情图片展、文化艺术展、美食展、中资企业展和援科医疗队展，品尝包子、麻花等传统美食，学习用毛笔书写汉字姓名。"中国日"活动为科威特大学的师生提供了一个加深对中国了解的窗口，展现了鲜活的中国印象和文化。

第三，卫生、体育交流不断拓展。自 1976 年起，中国政府每两年派遣一支医疗队到科威特开展针灸、推拿等传统中医治疗的活动，受到当地民众欢迎。1992 年，中科签订体育合作协定，中国乒乓球队、射击队每年定期来科参加国际巡回赛事，目前多名中方乒乓球、游泳、体操教练在科执教，科威特也曾多次派遣举重队、体操队赴中国集训。作为亚奥理事会的永久所在地，科威特在国际体育领域有着特殊的地位，与中国有着千丝万缕的联系。多年来，亚奥理事会主席、科威特奥委会主席艾哈迈德·法赫德亲王对中国的体育事业给予了大力支持，特别是北京申办和举办 2008 年奥运会以及广州申办 2010 年亚运会都得到了亲王的全力支持。2008 年 5 月 5 日，法赫德亲王接受中国记者联合采访组的专访，他代表亚奥理事会和科威特奥委会对北京举办 2008 年奥运会给予完全支持，他表示北京成功举办奥运会将会带动整个亚洲体育运动水平的全面发展和提升，意义重大。

第三节　中科人文交流的前景展望

古老的丝绸之路既是一条通商互信之路、经济合作之路，也是一条文化交流之路、文明对话之路，承载和彰显着东西方开放的文化品格和不朽的文明成果。新的历史时期，虽然"一带一路"建设的重点和核心是经济合作和贸易往来，但是人文交流与文明对话是增强国家、地区和人民间的相互了解、互利互信、务实合作的前提和基石，是建设好、发展好"一带一路"的持续动力。在"一带一路"框架下，中科合作关系要长期保持可持续发展，有赖于中科双方建构起一种以共同发展为目标的、以相互尊重和平等相待为特征的知识共享和思想交流的人文伙伴关系，从而为中科在政治、经济、安全、外交等多领域的可持续合作提供宽广坚实的精神支撑平台。

丝绸之路让中阿两大文明体紧密相连，双方对丝绸之路均有特殊的情怀。"一带一路"不是对古丝绸之路的简单复制，它有更宽的领域和更丰富的内涵，这一构思正是中国"向西开放"和阿拉伯国家"向东看"政策的有机结合。习近平主席在中国阿拉伯国家合作论坛第六届部长级会议开幕式上提出中阿合作共建"一带一路"的倡议，高屋建瓴，为未来中阿关系的发展指明了方向。科威特作为最早与中国签署共同建设"一带一路"协议的阿拉伯国家之一，积极响应支持中国建设"丝绸之路经济带"和"21世纪海上丝绸之路"的倡议。同时科威特以创始成员国身份加入亚洲基础设施投资银行，将科威特和中国经贸合作提升至更高水平。经济合作、人文交流是"一带一路"建设的两只翅膀，缺一不可。相对于经贸、投资领域的快速发展，中科人文领域交流相对滞后，存在许多薄弱环节与短板。我们需要从战略的高度，提出一套系统的中科人文交流理念、战略和目标，以更好推进中科人文交流与合作。

中国与科威特未来双边的人文交流内涵丰富，外延广阔。强调文化先行，通过继续深化文化交流活动，促进区域合作，实现共同发展，让命运共同体意识在沿线民众心里落地生根，构筑坚实的民意基础和社会基础。第一，积极利用现有平台和传统文化资源，加强文化合作和交流。继续加强高层交往互动，搭建交流合作的综合平台，举办以"丝绸之路"为主题的文化交流与合作项目，建立人文交流长效机制，互办、联办、合办文化周、艺术节、旅游推介等文化活动，制定优惠政策，吸引科威特留学生来中国留学，培养文化交流的使者。第二，充分发挥各文化交流主体的重要作用，形成强大的合力机制。调动社会各方面的力量，鼓励社会组织、各类文化团体及机构参与和承担人文交流项目，助推文化走出去；以民间组织推动城市间人文交流，让双方百姓了解彼此，消除偏见和误解，推动区域间、市民间的交流与合作；利用文教融合通道，引导和鼓励海外留学生、出境游客、华人华侨积极参与当地的文化活动和公共事务，做中华文化的传播者、践行者。第三，善用恰当话语体系，形成最广泛共识，在"和平、包容、共赢"的发展理念下，形成"平等、尊重、借鉴"的中科人文交流局面。在人文交流领域，习近平主席特别总结了"和平合作、开放包容、互学互鉴、互利共赢"的丝路精神，提出了新时期建立丝绸之路的具体想法，即"共商、共建、共享"。其中"共享"主要是指兼顾各方面的利益，妥善处理好各方面的关系，这也是中国与科威特进行人文交流的过程中需要考虑的重要方面。

第十二章 "一带一路"倡议下中科合作存在的问题与对策

　　良好的双边合作关系、稳定的经济发展前景和互补的投资贸易结构成为中国与科威特共建"一带一路"的基础,科威特"2035发展愿景"规划提出的经济多元化战略和建设"丝绸城"计划是中科共建"一带一路"的良好契机。然而,共建"一带一路"的过程并非一帆风顺的,仍面临一定的阻碍和风险。未来,中国要以科威特的资源和机遇为抓手,保持政策沟通,知己知彼,促进能源领域、基础设施建设领域和金融领域等互联互通,创新合作模式,加强与第三方的多边合作和人文交流,实现互利共赢,民心相通。

第一节　中科合作存在的问题

❖ 一、进出口商品结构单一

　　一个国家的外贸商品结构反映该国经济中商品生产结构的变化。科威特是一个主要依赖石油、天然气资源的单一经济国家,在国民经济中,石油产业在国内产业部门居于主导地位,反映在出口结构中,石油及其产品的出口也居于主导地位。同样,长期以来,在中科贸易结构中,中国主要进口科威特石油产品,主要出口劳动密集型产品为主,高技术含量、高附加值产品所占份额较小。单一的进出口商品结构使得双方贸易容易受到国际市场和第三方的冲击,有被其他国家同类产品取代的危险。另外因中科贸易中石油贸易为主体的特殊性,虽中科贸易总规模不断扩大，但对科威特贸易却呈逆差并逐年扩大的态势，对科贸易总额增长态势与中国从科威特进口逐年加大的态势基本一致。因此，迫切需要调整中国出口商品结构，增加具有高附加值的出口产品。这些年通过努力，中国机电产品在出口额中所占比例逐年上升，但与发达国家相比还有很大差距。据统计，美国、德国、英国、法国、日本等经济发达国家，其运输机械和机电产品等高附加值产品的出口额，占其向科威特出口总额65%以上。可见，贸易额的增长主要取决于出口产品的附加值，而非产品数量。过去中国的出口产品是靠数量取胜，今后则应该靠质量和技术取胜。目前，中国一些机电产品在技术上已相当成熟（电视、空调、洗衣机、电冰箱等），并且具有一定价格优势，关键问题是如何开拓市场，扩大产品的出口。科威特有严格的质量管理体系，对各类机械和机电产品的质量要求较高，中国应逐步改变传统的贸易方式，采取更加灵活的经营策略，例如：定牌生产、出料加工、境外装配等，通过多种方式与科商合作，达到扩大中国机电产品和工程机械设备出口的目的。

❧ 二、贸易企业缺乏国际贸易常识

目前，中国一些从事进出口贸易的企业，在产品包装上以及装箱上尚存在很多问题，如按照国际惯例，出口产品外箱唛头必须包括原产地、产品名称、产品编号、数量和尺寸等，并且要附有英文标识和产品说明，但是国内很多厂家由于缺乏国际贸易的常识，常常在箱唛上犯一些致命的错误，例如，不写产地。由于目前科威特市场充斥了许多假冒伪劣产品，因此科威特海关对于中国产品入关往往进行特别严格的倒柜，几乎每个箱子都需要打开检查，这样一旦在箱唛上出现擦边球的状况，如写上诸如欧洲风格等等字样，那么海关就会毫不犹豫地扣下，小则处以罚款，大则没收货柜。另外，还有的企业将多种产品混装或者拼柜以节省运费，致使科威特商人无法提货，造成货物长时间滞留海关。由于科威特海关对长期滞留的货物一律处以较高罚款，所以此类事情的发生给科商带来很大经济损失，也给中国企业在科威特的形象造成了极坏的影响。另外，很多中国商家在初次与科商进行贸易时，往往滥用了对方给予的信任，将信任当成了钻空子的机会。出现了问题，就不予理睬，或者要求科商承诺继续下一个订单，否则不予以解决出现的质量问题，甚至有要求科商提前支付下批订单定金，然后再从货款扣去上批订单需要赔偿的金额。这种做法导致科商目前对付款相当谨慎，甚至很多科商在未开箱检查到港货物前拒绝支付全额款项，这就大大增加了国内厂家的风险。因此，中国企业应主动对接国际市场规则，提高诚信意识，不断调整自己的贸易方式，积极参与国际市场竞争，在竞争中求发展、求生存，这样企业才可能良性发展，中国的出口产品才能适应当今国际市场的变化。

🏵 三、中科贸易纠纷大幅度增加

　　伴随近年中科贸易规模的不断扩大，产品质量已成为中国扩大商品出口的一大障碍，尽管每年中科贸易额在不断上升，但贸易纠纷也在不断增加。主要问题还是集中在货样不符、沟通不及时、拖延付款、交货延迟、单据不全、货证不符、包装不规范甚至以次充好等等方面。科威特商人大部分倾向于看样订货，每年参加的各种交易会如广交会等大型展览会的人数逐年增加，科威特商人在展会上看好样品后就立即签约订货。但由于各种原因，中国企业在履约交货时，时常出现发货的产品与确认的样品不符。例如：中国一家广东灯具生产厂家与科商签订了供货协议，货物按期抵达科威特后，科商发现所有产品与先前确认的样品以及货号统统不符，且未按规定包装，到货产品无法销售，给科商造成很大经济损失；还有一家连云港的厂家将劣质的玻璃砖提供给科商，以致于一经使用全部掉色，诸如此类的事情比比皆是，在科威特造成了很坏的影响，以致于科商认定中国商品大部分属于劣质价廉的产品。目前，经常产生质量问题的产品大致为小家电产品和家具类、建材类等产品，这些产品多属于劳动密集型产品，但是由于给中国商品造成的不好的影响，进一步影响到那些需要扩大出口的技术密集型产品，如大型机械、机电产品。由于中国部分出口企业没有严把质量关，致使一些外商不得不放弃从中国进口，此类教训可谓痛心疾首。中国企业必须认真贯彻"以质取胜"的战略，在提高产品附加值的同时，更要努力提高产品质量，使中国的出口产品真正做到物美价廉，进一步提高出口产品的竞争优势。在此基础上，还要加大对纺织、服装、家电等产品的名、特、优、新商品的开发研制力度，努力开拓中高档产品，提高商品的附加值，巩固和扩大中国在科威特的传统市场。

第二节   中科合作的风险预测

　　科威特投资环境良好，投资潜力较大。中国与科威特共建"一带一路"具有较好的基础和机遇。但是，建设过程并非一帆风顺，仍会面临一定的潜在风险。

❀ 一、政治风险

　　科威特是中东地区政治局势相对稳定的国家，除了与伊拉克一度关系紧张之外，较少参与国家或地区间的冲突或者战事。科威特奉行温和平衡的外交政策，致力于维护阿拉伯国家团结和海湾合作委员会国家的协调合作，以维护海湾地区安全稳定。同时，科威特高度重视同美国等西方大国以及邻国的友好关系，近年来也注重发展与伊拉克的双边关系。科威特属于君主制国家，政府更替比较有序。2006年初上任的埃米尔以维护本国政局安定为大局，在政治民主化方面适度向前推进，继续把工作重心放在经济建设和改善人民生活水平上，注意改善社会治安状况。2010年末，"阿拉伯之春"风暴席卷整个阿拉伯世界，科威特也未能幸免，国内发生了多起反政府和平集会与示威游行，政治局势一度紧张。就科威特国内政局而言，主要问题和矛盾包括：一是政府与议会之间矛盾严重，已经成为制约经济发展和国家建设的重要负面因素；二是民众对政府强烈不满，认为政府效能低下，治国无方，该"引咎辞职"；三是议会本身的问题，一些议员贪污受贿现象严重，引起民众愤慨。这些国内矛盾积蓄已久，难以解决。科威特最高裁决者埃米尔的惯常做法是解散议会或重组内阁，以此消弭分歧，化解矛盾。从总体上看，萨巴赫家族统治地位牢固，安全形势良好。尽管国内整体比较安全与稳定，但是科威特属于伊斯兰国家，国际上对于中东或海湾地区的政策变动会在科威特引起一定的反应，进而或多或少会影响到其经济发展。科威特与伊朗、伊拉克均有未解决的领海争端，可能出现的局部紧张甚至战争是该国长期潜在的不稳定因素。此外，科威特外籍侨民数量巨大，外籍劳动力大量存在，异质宗教和文化的进入在一定程度上容易诱发社会问题。另外,科威特社会的贫富两极分化也威胁着社会稳定。

❀ 二、经济风险

科威特油气资源丰富,政府财力雄厚,国内资金比较充足,大型项目均由政府出资,对外资的需求并不十分强烈。虽然国际油价开始下跌,但是科威特丰富的主权财富基金和迅速发展的非油产业基本可以弥补政府开支。自1995年以来,科威特政府一直没有发生财政赤字,石油行业产值占GDP一半以上,政府债务很少,且占GDP的比重不断下降。科威特是一个组织良好、基础设施较为完备的福利型国家。2014年10月,全球信用评级机构穆迪维持对科威特Aa2的主权信用评级,认为科威特的经济和财政具有高水平的发展支撑,未来展望稳定。预计随着世界金融危机影响的消退,国际石油价格将持续回升,科威特的财政收入依然乐观,科威特的总体经济仍将保持增长势头。但是,科威特的经济发展中也存在一些问题:第一,经济结构仍然比较单一、脆弱,国内经济容易受国际石油价格波动的影响。目前而言,科威特经济多元化政策仍将依赖石油和天然气部门,经济增长主要受公共部门投资驱动,能源部门仍是国家财政收入和外贸出口的主要来源,消费品和资本货物仍依赖进口,经济结构相对单一受国际石油市场波动影响。石油和天然气由国家垄断,投资市场空间较小。第二,国内市场容量小,人口少,地区辐射能力有限。科威特国土面积较小,除油气资源外,其他自然资源又很缺乏,难以满足相关产业快速发展的需求。科威特人口少,劳动力供应紧张,既需要从西方发达国家引进高端技术和高端人才,还需要引入东南亚国家的外籍劳工从事普通劳动。具有科威特国籍的人口仅占总人口的30%,其工作岗位主要集中于政府部门和国有企业,外来中高级人才主要供职于政府部门、国有企业、私营企业,普通劳工主要集中在建筑业、餐饮业、各类服务业及工业企业工作。因此,外国资金和人员很难进入科威特重点项目与核心部门,科威特市场容量和投资机会有限。第三,各种投资和贸易法规不健全,许多问题无章可循,外国投资国有化风险、行业限制以及税收区别对待。尽管在贸易法规方面加强了立法,但科威特的投资和贸易法规体系仍不健全、不配套,与现行的国际通行做法上有相当差距，许多问题无章可循。另外按有关规定，凡经批准的外国项目均不得予以没收或国有化，但科威特法律有附加条款"唯有在公共利益需要时，方可依据现行法律对其实行征收"，对于何为公共利益需要并无具体列明，给政府提供了实施国有化的政策空间，增加了外资被国有化的风险。2001年《吸引外国投资法》规定，外国公司不能在石油产业的上游领域进行投资；在银行中拥有的股权不能超过49%；外资不能涉入保险业；房地产投资仅限六个海湾国家等，对外资的行业准入做出了严格的限制。科威特对本国企业和居民除征收宗教税外，不再征收其他税赋，但对外商投资企业征收外资股份税、企业营业税等；此前，对外国商品和资本的税率高于本土税率。根据海湾经济一体化协定，对外税种增多，税率也有所增长。第四，权大于法的体制，政府部门机构臃肿，办事效率低下，存在腐败现象。科威特政府在本国经济中居主导地位，甚至可以超越法律，一定程度上限制了经济领域的竞争，增加了外资的发展压力和安全隐患。第五，金融体系不健全，通货膨胀风险大。科威特金融行业主要由银行、保险等基本部门构成，结构单一，体系不够健全，一时还难以与国际接轨。科威特政府将大量石油美元用于资本投资，资本市场充足的资金极大地刺激了国内需求，但工业产能相对落后，易导致过度投资而引发通货膨胀。另外，科威特证券市场资本总量迅速膨胀，如不及时采取得力措施，不排除在房地产和证券市场形成泡沫经济的可能。

❀ 三、第三方风险

中东阿拉伯地区蕴藏着丰富的石油资源，是全球主要的石油供应基地和大国争夺焦点，也是美国石油利益和地缘利益结合得最为紧密的地区。美国的历届政府非常重视对中东阿拉伯地区的政策，在这一地区投入大量的资源，通过实施一系列战略，逐步影响和控制中东地区的石油。1991年海湾战争后，科威特同美国等西方国家关系更加密切，与美国签署《防务合作协定》，基本将安全"外包"给美国，科威特境内一直有美军驻扎。近年来，伊朗崛起态势令各海湾国家更加倚重美国，购买美国军火，部署反导系统，配合所谓"中东版小北约"计划。欧盟各国也高度重视中东，2010年建立"欧盟—地中海自由贸易区"，借深化区域合作之机抢占中东油气市场。俄罗斯则借助能源、军售、核合作以及近期武力打击极端组织等行为，在中东扩大影响。这些国家在传统关系、治理经验以及价值观方面具有一定优势。美国不容他国轻易染指中东地区，更不愿意中国在中东地区的影响力扩大，因而想方设法排挤中国，阻挠中国与中东产油国油气合作。2011年7月，美国国务卿希拉里提出"新丝绸之路战略"，试图整合中亚与南亚经济，削弱俄罗斯对中亚的控制。中国提出的"一带一路"倡议，不可避免地面临美国的猜忌、干扰和挤压。

　　另一方面，科威特处在恐怖主义势力活跃的中东地区，目前不能排除受恐怖主义干扰的可能性，并且由于长期有美军的驻扎，科威特国内发生一些针对美国等西方国家的设施和人员的恐怖袭击事件不能不加以考虑。可以想见，中国未来在科威特推进"一带一路"面临的"第三方干扰"越来越大。

　　总之，根据目前总体形势判断，科威特的参考评级为3(3/9)级，国家风险水平较低。但是合作的风险也不容忽视，中国企业进入科威特前需做好充分的分析和预测，尽量防范风险以保障投资安全，趋利避害，从现有的投资环境中寻找和创造契机，进而促进中科经贸关系的稳步健康发展。

第三节　中国企业在科威特投资的建议

　　中东地区是中国实施"走出去"战略的重点地区，科威特拥有特殊的地理位置，作为辐射周边的伊拉克、伊朗、沙特阿拉伯等市场的中心，中国产品不仅应该打入这一市场，同时还应以良好的信誉、优质的服务来站稳这一市场。中国的企业在扩大出口、开拓占领新的市场的同时，应该把树立企业形象、提高质量、促进市场认可作为首要任务来抓，避免短视的急功近利行为。中国企业同时应该加强法律意识尤其是知识产权意识，学会穿上法律"保护衣"，保护自己的利益，避免纠纷的出现。未来的市场将会对优质产品、高新技术产品敞开大门，"中国制造"的形象必将征服世界。对照中国与科威特的经贸关系现状与风险评估，中国企业在科威特进行贸易投资必须熟悉并适应当地特殊的贸易环境，采取有效措施拓展业务。

第一，提升中国企业的形象，严把商品质量关，避免贸易纠纷。中国出口企业在从事进出口贸易中要重信誉、守信用，严把商品质量关，特别是一些流通领域的贸易公司，在采购货物或委托加工产品时，要严格按照双方签订的协议，认真履行协议条款，按期交货，并保证质量，这样才能使双边贸易长期、稳定地发展，要克服那种"短期行为"。在国际贸易中双方产生贸易纠纷是难免的，但出现问题后，双方应本着互惠互利的原则，在平等的基础上协商解决，不能只考虑己方，要从长计议，特别是要从两国贸易发展的角度考虑，避免由贸易纠纷演变成法律纠纷。科威特国家不大，科威特商人之间联系频繁，因此每一次小的贸易纠纷都有可能产生较大影响，避免贸易纠纷的关键就是要严格按照双方签订的协议要求，认真履行协议。

第二，发挥高校、智库、商会的作用，为中科经贸合作提高智力支持，客观评估投资环境。发挥全国中东研究的智库、研究所、学术机构的力量，开展相关课题研究，为中国与科威特的经贸关系出谋划策。虽然科威特政治稳定、市场潜力较大，但是科威特投资环境也存隐患和风险。加强对科威特政治和经济发展的前瞻性研究，做好准备，防范政治经济风险，保障人员安全，使经贸、投资利益损失降低到最小限度，培养相关领域的专门人才，充实中国与科威特经贸合作队伍。利用有关商会、协会和经商处的优势，深入科威特市场进行调研，对国内相关产业进行指导，让更多国内公司更深入地详细了解科威特市场，同时，应时刻关注中东局势的动向和科威特国内的政治状况，以应对不测。

第三，中国企业应做足功课，充分了解科威特的投资环境、法律、税收、政府政策等，建立风险防范机制，应对可能发生的各种风险和挑战。适应当地法律环境的复杂性，密切关注当地法律变动的情况；在科威特聘请资深律师作为法律顾问，处理所有与法律相关的事宜。做好企业注册的充分准备：全面了解科威特关于外国投资企业注册的相关法律，在科威特注册公司有严格的代理制；聘请科威特专业律师协助办理注册事宜；正确选择拟注册的公司形式和营业范围，备齐所需文件，履行相关的程序。适应科威特支付条件，对于大宗产品，科威特进口商会向出口商会开立信用证，但部分进口商则习惯在签订合同后先付30%的定金，待收到发货通知单后再支付其余款项。

在信息服务方面，应成立境外投资促进机构，设立办事机构，进一步发挥信息网络的优势，拓宽信息渠道，以便能够在第一时间掌握科威特的政策变动、项目规划、引资动向等相关信息，减少中国企业对外投资和生产经营的盲目性和所承担的风险。

第四，优化贸易结构，在国家的主导协调下，以市场为主体开展合作。近年来，中国的科技水平不断发展，工业制造和装备生产技术不断提高，而科威特正在历经战后的新一轮重建峰期，科威特对各种机械设备需求大量增加，中国应充分把握有利时机，按照"大经贸""走出去""以质取胜"的要求，积极开拓科市场。中国政府应进一步推进国有企业改革，进行股份制改造，建立产权清晰的现代企业制度，应把发展对外直接投资纳入国民经济的战略规划，结合国内经济发展情况和产业结构调整，制定对外投资战略。中国企业要坚持市场运作，遵循市场规律和国际通行规则，充分发挥市场在资源配置中的决定作用。中国企业应在政府的指导下，总结以往中国与科威特开展工程承包和产业承接合作经验，对接科威特国家发展计划和实际需要，在新形势下探索经贸合作新思路和新模式，改变以往主要依靠低成本投入、打价格战的做法，提升中国对地区产业布局能力，改变以往重建设、轻管理的思维，大力推进"建设运营一体化模式"，拓宽投融资渠道，加强技术研发水平，提高商品的技术含量，在促进双边贸易的同时，加大出口能力，改变在中科双边贸易中处于逆差的局势。

第五，尊重当地人民的宗教信仰，遵守其相关的风俗习惯，避免文化冲突。科威特是传统阿拉伯国家，举国信奉伊斯兰教，穆斯林独特的文化和习俗对于经济的发展具有深刻的影响。由于宗教信仰原因，对进口产品的花色、图案有其特殊要求，中国企业应充分了解这一特点，在出口产品时应加以注意，防止出现不必要的麻烦。同时，中国在科企业从业人员也应该学习穆斯林商业社交礼仪，入乡随俗地开展商业活动。

| 第四节 | "一带一路"倡议下中科合作的对策与路径 |

科威特的经济多元化实践，寻求以非能源产业作为国民经济发展的新引擎，以金融业、航空、港口运输业为中心，谋求资源国家转型的模式，必将带动贸易、旅游、房地产、商业、通信等服务业的发展，这成为中国企业"走出去"的良机。因此，中科共建"一带一路"前景广阔，未来中国要以科威特的资源和机遇为抓手，将中国"十三五"规划与科威特"2035愿景规划"及"丝绸城"建设进行对接，推进"一带一路"倡议在科威特落地、生根、开花，进而辐射到其他中东国家。

🌸 一、保持政策沟通，增强政治互信

近年来，中科两国高层和各级别互访不断，政治互信不断增强。中科两国应以现有的合作成果为基础，继续保持两国领导人之间的沟通、磋商和协调，定期举行两国外交部负责人或高官会晤，密切两国政府、立法机构之间的友好交流，加强政府间合作，积极构建多层次政府间宏观政策沟通交流机制，深化利益融合，促进政治互信，达成合作新共识，加强两国在反恐、地区事务和中阿事务上的沟通与合作。中国可利用中阿合作论坛、中国—海合会战略对话等多边机制，加强多边交流，提升双边政治对话的机制化水平。同时，采取循序渐进的方式，着力完善中科合作论坛，进一步加强中科两国宏观政策沟通协调：一是要把握协调时机，关键是认识当前中科两国经贸关系的发展规律和时代特征，推进宏观政策层面重要领域和关键环节的沟通和协调。二是要提高协调层次，重点是要从当前中科两国单一的经济政策目标向全方位宏观政策目标的转变。三是完善协调机制，核心是要实现中科两国宏观经济政策合作的科学化、规范化与可持续化，推动更深层次和更高水平的大开放、大融合。

❧ 二、密切产能合作，保障能源安全

作为世界第二大经济体，中国对能源的需求在不断增长，而科威特是石油、天然气资源均丰富的产油国。面对国际石油价格持续下行和需求低迷，科威特政府一方面不断增加石油产量，另一方面提出经济多元化政策以减少对石油依赖的经济调整计划，大力发展非油产业。面对这样的境遇，中国可以抓住低油价和科威特增加石油产量的机遇，进一步加强与科威特的产能合作，建立能源与替代能源领域长期全面的战略合作关系，加强两国在包括液化天然气、石化领域在内的油气生产和加工领域的合作。同时，鼓励两国政府主管部门、相关企业签署并落实能源供给及相关项目投资领域的合作协议。双方加强在能源领域的合作，不仅能提高中国的战略能源供应安全，而且科威特的石油产品也能获得稳定可靠的销售渠道，可以实现双边合作共赢。双方如能在科威特石油上游开发领域获得突破，将进一步加强双方合作的深度和基础。

❧ 三、加强基础设施建设，确保设施联通

根据科威特"2035愿景规划"和"丝绸城"建设构想，力争在短期内恢复其在海湾地区金融贸易中心地位，相关基础设施建设领域的投资巨大。但科威特建设资源匮乏，施工力量不足。中国拥有强大的工程承包能力和机械设备制造能力，中科在基础设施建设领域的合作空间非常大。中国可以通过工程承包和国际会展等方式带动中国制造设备、原材料和技术标准"走出去"。通过加强基础设施建设规划、技术标准体系的对接，共同推进国际骨干通道建设，逐步形成连接中科的基础设施网络，抓住交通是基础设施的关键通道、关键节点和重点工程，优先打通缺失路段，畅通瓶颈路段，配套完善道路安全防护设施和交通管理设施，提升道路通达水平。加强能源基础设施互联互通合作，共同维护输油、输气管道等运输通道安全，推进跨境电力与输电通道建设，积极开展区域电网升级改造合作。

❧ 四、深化金融合作，保证资金融通

"一带一路"建设资金需求量大，投资回报周期长，需要金融机构

进行长远的规划和整体的统筹。当前国际石油价格持续下行和需求低迷，科威特的财富创造能力受到较大冲击，但长期以来科威特依靠丰厚的石油资源积累了庞大的主权财富基金和外汇资产，仍可保障其政府具备很强的本、外币偿债能力。近期，国际评级机构对科威特的评级也显示其状况良好，由此可见，未来中国和科威特在金融领域的合作前景广阔。在"一带一路"框架下，中国应深化与科威特的金融合作，扩大到中科之间双边本币互换、结算的范围和规模，加强金融监管合作，推动签署监管合作谅解备忘录，逐步在区域内建立高效监管协调机制，完善风险应对和危机处置制度，构建区域性金融风险预警系统，形成应对跨境风险和危机处置的交流合作机制，加强征信管理部门、征信机构和评级机构之间的跨境交流与合作。

❀ 五、创新合作模式，推动贸易畅通

从现实经济发展来看，要想构建科学、合理、完整的国与国合作策略，合作模式的选择尤为重要。具体到对中科两国合作战略的设计来说，则需从"点""线""面"三个维度来构建。所谓"点"是指投资产业园。需按照产业结构、资源禀赋、区位条件、政策优势等特点，逐步筹划设立"中国—科威特产业园"，以期为"丝绸之路经济带"的全面推进提供支撑。所谓"线"是指商品-要素市场线。针对目前中科两国的发展特点，积极参与构建符合中科国情的多层次且一体化的商品-要素市场，全面提升两国市场化水平。所谓"面"是指一系列投资策略的组合。要遵循"安全稳健"和"灵活机动"的原则，在发挥策略组合的"规模效应"的基础上，打造新常态下中科合作的"新引擎"。此外，中国和科威特可在中阿合作论坛、中阿能源合作大会、中阿博览会以及中国-海合会战略对话等多边合作框架下加强合作，以点带面共同推动中科关系发展，并对中东其他阿拉伯国家起到示范作用。

❀ 六、推动人文交流，促进民心相通

通过政府沟通、企业展会、民间交流、旅游文化节等方式，以高层交往带动民间交往，引导和推动中国与科威特民间团体和组织、工商界人士、妇女及青少年之间的交往、交流，多渠道、多层次倾听科

威特人民的心声，关注科威特广大民众现实关切与诉求，了解他们对"一带一路"倡议的期待和想法，并给予真诚而恰当的回应。增信释疑，引领民意，促进民心相通。运用好各类传媒，特别是充分发挥互联网新媒体的强大传播功能，通过"互联网+"方式创新传播模式，积极向科威特推介更多真实反映中国现状、展现中国形象的文化、艺术精品，助力民心相通。进一步强化教育合作，在科威特创办孔子学院，助力中东国家的汉语教学及中国的阿拉伯小语种教学工作，吸引更多的科威特人民来华旅游、交流、合作。

中科资源禀赋各异，经济互补性较强，彼此合作潜力和空间很大，在"一带一路"倡议背景下，中科合作的重点为政策沟通、设施联通、贸易畅通、资金融通和民心相通。目前，中国和科威特同处经济转型升级的关键时期，共同利益和相互需求进一步增多，在资源市场等方面的互补优势更加明显，双方在能源、贸易、投资、工程等领域的合作将继续深化与发展，在农业、金融业、物流业、节能环保等领域的合作也将不断拓展。未来，中科两国充分利用政治友好、经济互补的有利条件，以丝路精神为传承，以共建"一带一路"为引领，站在新的历史起点，以开展产能合作为抓手，落实好两国已经签署的有关合作文件，围绕能源、基建、贸易、金融、投资、高新技术等领域，加强顶层设计，增加合作共识，细化合作举措，确定重点方向，找寻合作平台，推动优先项目，努力形成两国间全方位、宽领域、多层次的务实合作新格局。中科携手努力，承前启后，继往开来，不断谱写两国传统友谊新篇章，共创中科合作繁荣发展美好明天。

参考文献

[1] 穆罕默德·哈达德. 科威特的民族群体和民族等级结构. 晓兵, 摘译. 民族译丛, 1992（5）.

[2] 雅高布·优素福·坎达里，李光辉. 科威特"迪瓦尼耶"及其与社会民族认同的关系. 国际社会科学杂志(中文版)，2018(2).

[3] 盖德里·盖勒阿吉. 科威特简史. 北京大学东语系阿拉伯语教研室，译. 北京：人民出版社，1973.

[4] Firyal Bou-Rabee. 利用地震资料推断科威特的地质和构造历史. 张玉玮，译. 国外油气勘探，1998(1).

[5] 陈天社. 科威特在阿拉伯国家的投资. 阿拉伯世界，1998(3).

[6] 陈悠久. 科威特的石油经济和石油政策. 石油工业部科学技术情报研究所，1987.

[7] 陈悠久. 科威特君主制政体的演变及其性质和特点. 西亚非洲，1993(2).

[8] 陈悠久. 论科威特君主制长期存在的原因. 西亚非洲，1992(4).

[9] 范毅,周敏. 世界地图集 （地形版）. 北京：中国地图出版社，2016.

[10] 广隶. 科威特亚洲银行. 阿拉伯世界，1985(2).

[11] 李福泉. 科威特什叶派问题初探. 国际论坛，2015(6).

[12] 李意. 科威特阿拉伯经济发展基金会对非洲国家援助研究. 阿拉伯世界研究，2017(4).

[13] 刘元培. 科威特女权运动的三大胜利. 阿拉伯世界，2005(5).

[14] 马晓霖,孟炳君. 传承与发展中的科威特新闻传播业. 新闻界，2018(3).

[15] 马彦，陈伟远. 战后日本石油战略的调整及其启示. 阿拉伯世界，2004(4).

[16] 彭树智，钟志成. 中东国家通史·海湾五国卷. 上海：商务印书馆，2007.

[17] 孙超. 科威特的"行动力"：访科威特王子、宫廷事务大臣纳赛尔·萨巴赫·艾哈迈德·贾比尔·萨巴赫亲王. 中国发展观察，2017(14).

[18] 仝菲. 科威特经济发展战略与"一带一路"的倡议. 阿拉伯世界研究，2015(6).

[19] 王京烈. 论综合国力中的外交因素：以以色列、科威特为例. 西亚非洲，1997(6).

[20] 王景琪. 列国志·科威特. 北京：社会科学文献出版社，2014.

[21] 王舒荷，马克俭，王竞楠. 科威特标准化发展概述. 标准科学，2017（12）.

[22] 王铁铮. 世界现代化历程·中东卷. 南京：江苏人民出版社，2010.

[23] 伍庆玲. 科威特妇女的社会地位. 阿拉伯世界，1996(6).

[24] 西谭. 科威特的服装. 阿拉伯世界，1985(2).

[25] 谢克·阿里·哈里发·沙巴赫. 科威特能源策略纲要. 吴镜，译. 中东石油问题，1980（4）.

[26] 徐伟. 科威特航空公司. 阿拉伯世界，1985(4).

[27] 杨光. 伊拉克科威特领土争端透视. 西亚非洲，1992(2).

[28] 雨谷. 海湾战争与日本. 日本学刊，1991(3).

[29] 张道庆. 论科威特的社会福利制度. 西亚非洲，1992(4).

[30] 张绍铎. 1973年石油危机与日本中东政策的调整. 阿拉伯世界研究，2010(3).

[31] 仲跻昆. 阿拉伯文学通史（下卷）. 南京：译林出版社，2010.

[32] 赵琳. 科威特工程承包发展模式分析. 国际工程与劳务，2016(3).

[33] 姜英梅，王晓莉. 科威特金融体制及中科金融合作前景. 西亚非洲，2011（8）.

[34] 赵敏. 科威特石化工业公司计划年产量增加至1600万吨. 炼油

技术与工程，2017(2).

[35] 孙德刚. 美国在海湾地区军事部署的"珍珠链战略". 阿拉伯世界研究，2015(4).

[36] 孙超. 友谊的"木船"：访科威特驻华大使赛米赫·伊萨·焦哈尔·哈亚特. 中国发展观察，2017(Z1).

[37] 柴晓娜. 在科威特承揽工程需要注意的问题. 国际工程与劳务，2018(7).

[38] 冯璐璐. 中国与科威特经贸关系发展战略研究. 国际经济合作，2009(12).

[39] 王芳. 美国对1967年中东石油危机的政策. 长春：东北师范大学学位论文，2006.

[40] 郑明. 记工艺，传文明，科威特造船入史：读《科威特造船史》有感. 中国船舶报，2011(8).

[41] 张宁. 科威特国家档案的一叶小史. 中国档案报，2018(3).

[42] 程永如. 让一带一路对接科威特"2035愿景". 国际商报，2018(2).

[43] 费萨尔·穆赫辛·卡赫塔尼. 当代科威特小说中的社会话语. 姚京宏，译. 文艺报，2018.

[44] 朱梦魁. 科威特石油经济的特点和存在的问题. 国际展望，1983(S3).

[45] 凌虹，吴仁海，施小华. 现代战争对生态环境的影响. 生态科学，1999（3）.

[46] Steffen Gackstatter, Maxim Kotzemir, Dirk Meissner. "Building an innovation—driven economy—the case of BRIC and GCC countries", Social Science Electronic Publishing, vol. 16, No. 4, 2014.

[47] Tim Callen, Reda Cherif, Fuad Hasanov, AmgadHegazy, and Padamja Khandelwal, "Economic Diversification in the GCC: Past, Present, and Future", Imf Staff Discussion Notes, vol. 14, No. 12, 2014.

[48] 周烈，蒋传瑛. 阿拉伯语与阿拉伯文化. 北京：外语教学与研究出版社，1998.

［49］ 王丹. 空间批评视阈下《我生命中的不死鸟与挚友》中的身份问题研究. 北京：北京第二外国语学院，2018.